新时代大学生教育引领创新研究

王 娇 李月波 陈 亮 ◎著

北京燕山出版社
BEIJING YANSHAN PRESS

图书在版编目（CIP）数据

新时代大学生教育引领创新研究 / 王娇，李月波，
陈亮著. -- 北京 ：北京燕山出版社，2022.7
ISBN 978-7-5402-6598-4

Ⅰ．①新… Ⅱ．①王… ②李… ③陈… Ⅲ．①大学生
—教育研究 Ⅳ．①G645.5

中国版本图书馆 CIP 数据核字（2022）第 121073 号

新时代大学生教育引领创新研究

作　　者	王　娇　李月波　陈　亮
责任编辑	金贝伦　贾　玮
出版发行	北京燕山出版社有限公司
社　　址	北京市丰台区东铁匠营苇子坑 138 号 C 座
电　　话	010-65240430
邮　　编	100079
印　　刷	北京四海锦诚印刷技术有限公司
开　　本	787mm×1092mm　1/16
字　　数	208 千字
印　　张	10.25
版　　次	2023 年 10 月第 1 版
印　　次	2023 年 10 月第 1 次印刷
定　　价	76.00 元

前　言

　　大学生教育管理是国家教育体系中的重要组成部分，在保证高校人才培养质量、规范大学教育管理秩序、培养社会主义事业合格建设者和可靠接班人等方面发挥着十分重要的作用。新时期，高校大学生教育管理工作处于一个开放、多元、变革的环境。在经济全球化、文化多元化、社会信息化的背景下，随着高等教育大众化趋势的发展，高校学生管理工作也发生着深刻变化。

　　"创新"是全球最具影响力的新兴概念之一，也是人类可以共享的最响亮的主题词之一。"创新"既是对新世纪特征、新时代精神的科学概括，也是对新时代的美好憧憬以及诗意般畅想的典型表征，更是人类面对新世纪挑战，以全新的姿态步入新时代做出的自觉的战略选择和行动纲领。"创新"不仅仅是一种理念、一种价值观，更是一种战略目标、一种发展模式。而当人类豪迈地迈向新时代的时候，教育的发展与改革，再次迅速地成为经济社会发展的中心问题，成为全社会关注的焦点问题。一方面是因为教育对创新时代的来临做出了最为敏锐的反应，另一方面是因为经济社会的创新对教育提出了新的要求。教育从经济发展的边缘真正走到了中心，从创新舞台的幕后走到了台前。"教育管理必须创新，全社会必须大力实行创新教育"的理念已迅速被全社会所认同。教育创新、创新教育也由此成为创新范畴中最为核心的内容之一，同时也成为人类步入创新时代的重要标志之一。

　　随着党和政府对教育事业的高度重视和投入的加大，大学生教育得到了快速发展。目前，我国已成为世界上高等教育在学人数最多的国家。如何树立以提高质量为核心的高等教育发展观，全面提高高校人才培养质量、科学研究水平、社会服务能力和文化传承创新能力；如何着力培养拔尖创新人才，提高高等教育管理水平，带动高等教育质量全面提高等诸多新情况对新形势下高等教育发展提出了新挑战。本书从新时代大学生教育的创新理念出发，按章程讲述了，大学生教育体系的构建与教育变革，对学生和教师等方面管理的创新以及新时代对创新的理解与创新能力的培养的重点阐述。全书从教育多个方面的创新进而升华教育引领创新的研究与探索，是一部与时俱进的专业著作。

目　录

第一章　新时代大学生教育的创新理念

第一节　新时代大学生教育开放性思想的融入

我国现阶段的高等教育已经从原来的精英教育迅速转化为大众化教育，受教育者的求学情况、知识基础与以往相比发生了很大的改变。政治辅导员和班主任在教学中要融入开放性的思想指导学生正确面对竞争，面对择业，面对压力，引导学生规划人生，培养学生有宽广的胸怀和健全的人格，努力把德育渗透到学生成才、就业的全过程，要主动管理育人，提高工作效率和工作水平，创造更好的育人环境和氛围。

一、建立优秀的管理团队和制度

如何适应时代的要求，培养社会需要的人才，是从事学生管理工作者的永恒话题，同时对学生管理领导干部提出了更高要求，必须加强队伍建设。学校高层领导应加强对学生管理工作重要性的认识，挑选一批思想素质高、工作能力强、具有一定学生管理工作经验的工作人员担任学校学生教育管理工作，经常性地组织开展对各分校、教学点学生管理干部的专业培训，邀请水平较高的专家讲座，全面提升学生管理干部的素质。通过各种方式组织开展校与校之间学生管理工作的交流，请学生管理工作突出的管理人士讲解、传授管理经验，并通过讨论交流，达到共同提高，共同进步。以校本部为载体开辟全校性学生管理工作专项窗口，广泛讨论发表管理体会，创建全校性学生管理专刊，组织系统内投稿，把学生管理工作真正落到实处。

学校应建立导学教师引进、培训、考核、交流的整套制度。完善引进程序，严把入口关，力争把有能力、责任心强的导学教师引进来。建立严格的导学教师培训、考核制度。导学教师应对以现代计算机网络为主的多媒体现代远程教育技术有较深的掌握，能熟练运用计算机网络等媒体技术获取教学资源，并能配合辅导教师进行教学资源的整合，组织和指导学员开展网上答疑、BBS 讨论、双向视频等网上教学活动，利用 QQ 群、微信、E-mail 等与学员进行日常沟通。完善导学教师的流动计划，打破以往导学教师队伍建设的封闭体系，激活用人机制，拓宽导学教师出口，加强导学教师的交流和提拔，解决导学教师的后顾之忧。

而要解决导学教师流动性较强、流失率较高的问题，学校就必须加强导学教师的专业化建设，其中最主要的就是更新观念，尤其是更新领导的观念，全面提高导学教师的综合素质。导学教师在工作了一段时间以后就会积累一定的工作经验，也会认识到自身不足。如果学校能制定一套完整的培训机制，给他们更多的培训学习的机会，不管是对学校还是对导学教师本人来说都是有利的。另外，还可以加强导学教师之间的沟通与交流，使导学教师的业务能力不断提高，确保导学教师在工作中发挥应有的作用，保证学生的培养质量。

二、注重培养优秀的学生干部

好的学生干部不仅自己会给其他同学做出榜样，也会分担导学教师的工作重担，而且在这个过程中锻炼了学生的工作能力，使其可以运用在之后的工作实践中。导学教师在选择班干部的过程中要一视同仁，不能因为个别小问题而否定他们的优点，要广泛听取同学和任课教师的意见，综合学生的平时表现，民主或择优选拔。对优秀的的学生干部，要充分信任和尊重，减少干涉，使他们充分发挥个人的工作主动性和能动性。

学生干部队伍应真正发挥先锋模范作用，真正发挥战斗堡垒作用。学校应健全团支部、学生会组织，主动让学生组织成为学校与学生、教师与学生沟通的桥梁，通过民主推荐、个人竞选产生学生干部队伍。结合学生的生理和心理特点，通过学生干部开展广泛的思想交流。帮助广大大学生树立和培养学习自信心，一方面，肯定他们在以往的学习和工作中取得的成绩和努力，使他们充分看到自己的优点和能力；另一方面，循序渐进一对一式地辅导，将他们在实际中遇到的问题总结归纳，然后反馈经验。在交流沟通过程中，要注意交流态度，避免出现僵局，挫伤学生的学习积极性；要充分尊重学生，学生的自尊心较强，并且也容易受到伤害，教师的教育手段要不断改进，积极与学生磨合，减少代沟的出现。在沟通的同时，鼓励他们学习之后要在自己原有的领域创新和进步，帮助他们做好职业规划和人生规划。在思想教育过程中，应尽量避免用说教的方式，强硬的教育态度只能引起学生的逆反心理，不仅不会配合教师的教育工作，甚至会放弃继续学习。对个别问题学生要单独关注，因材施教，明察暗访，找出学生学习欠佳的根源和影响因素，和周围同学、同事努力解决问题，最大限度地激发他们的学习主动性。

三、通过加强校园文化氛围引导学生的学习和发展

现现在的大学生大多都是独生子女，生活环境使当代大学生有着强烈的孤独感，他们渴望交流，希望有丰富的校园生活及来自众多同学的支持与友谊。针对此情况，学校应主

动提供学生情感交流、培养兴趣和寻求帮助的平台，促进学生之间交流沟通，传承成长经验，解答学生疑惑，碰撞智慧思想，传递情感关怀，培养同学友谊，消除学习孤独感，增强学生对大学的身份认同感、归属感和凝聚力，营造积极向上的校园文化氛围，促进学生的管理、学习和发展。经常性地开展校区、班级之间各种比赛活动，增进学生之间的友谊，聘请专家学者到学校举办讲座，吸引学生的积极参与和交流。并用各种比赛的形式加强学生间的良性竞争，使同学之间互相帮助，共同进步。对学生的学习积极性教师应合理引导，帮助其树立明确的学习目标，使其学生的学习既有针对性还能自我检测和反馈。

第二节　新时代大学生教育坚持以人为本的理念

随着现代教育的发展和教育改革的深入，以人为本的学生管理将最终取代传统的学生管理，这是学生管理改革和发展的必然趋势。人是管理中的首要因素，因而提高人的素质、调动人的积极性、促进人的全面发展是提高管理效果的关键。科学发展观的本质和核心是坚持以人为本。坚持以人为本，不仅在人类思想发展史上具有重要的理论价值，更应成为当今高校新的办学理念。

一、什么是以人为本的管理

以人为本的管理模式就是以人为中心，在确立学生主体地位的基础上，围绕调动学生的主动性、积极性和创造性来开展一切管理活动，这种管理模式是高校学生管理模式发展的必然走向。以人为本的学生管理工作理念，就是要以人为出发点，充分尊重学生作为人的价值和尊严，充分尊重学生的人格、个性、利益、需要、知识兴趣、爱好，力促学生全面发展，健康成才，并能可持续发展。这意味着要从那种把对人的投资视为"经济性投资"的立场转变为"全面发展性投资"的立场。以人为本的管理在处理人与组织的关系时，并不否定和排斥组织的目标，而是把人的自我发展和自我完善作为组织目标的组成部分。高校学生管理中坚持以人为本的管理思想，就是指高校学生管理工作必须以调动学生的积极性、做好学生的工作为根本。具体而言，就是要在高校学生管理过程中坚持把教育和管理的对象——所有学生作为全心全意为之服务的主体。树立"以人为本"的高校学生管理理念，营造良好的服务氛围，对学生能起到潜移默化的作用。高校从教学到行政管理，从学生学习到后勤服务，都要不断深化教育改革，转变教育观念，转变过去以学校为主体、以教育者为核心的工作思路和工作方式，变管理为服务，树立一切工作都是为了学生健康成长的管理理念。以人为本的高校学生管理就是以学生的发展为高校工作的出发点和落脚点，一切为了学生，使大学生德、智、体、美全面发展。具体而言，就是要理解学生，尊重学生，服务学生，信任学生。

二、实现以人为本的管理模式的必然性

高校是培养和输送人才的重要阵地，始终担负着为社会培养高素质的建设者和接班人的神圣使命。在现行的高校学生管理中，管理目标的抽象化和格式化也是高校学生管理的一大弊病。高校学生管理工作与学校的其他工作目标是一致的，都是为社会培养人才。

人性化管理是以以情服人提高管理效率的，人性化管理风格的实质就在于充分尊重被管理者的自由和创造才能，从而使被管理者愿意以满足的心态或以最佳的精神状态全身心地投入到学习和工作中，进而直接提高管理效率。人性化管理是情、理、法并重的管理，而不是放任管理，也就是我们提倡的教育人性化。对高校学生实行以人为本的管理模式抓住了学生管理中最核心的因素，因为学生管理就是人的管理。人的需求、人的属性、人的心理、人的情绪、人的信念、人的素质、人的价值等一系列与人有关的问题均成为管理者需要关注的重要问题。这是高校学生管理的出发点和落脚点。

高校的基本职能之一就是为社会发展教育和培养人才，大学生已经具有了成为国家栋梁的基本潜质和条件，在教育和培养的过程中，要充分调动大学生的自主性、积极性和创造性，为他们提供能激发创造性和自主创新性的氛围。要实现这一目标，高校教育管理就必须是人性化管理，实施以人为本的管理模式。首先，要转变教育管理观念，树立科学的人才观。切不可用一种人才模式苛求学生，限制学生个性的发展。教育管理工作者要有着眼于未来的宽广眼光和不拘一格育人的胆略。其次，要着重提高教师的综合素质，强化管理者的人格魅力。在新形势下，主观上学生群体已经不接受传统的高校教育管理模式，客观上高校管理所面临的形势也不能使这种模式维持下去。招生规模的扩大，贫困生数量的增加，个性培养和创新教育日益被高校所重视等，这些因素都要求高校学生教育管理必须抓住"学生"这一根本，转变管理理念，提高教师的综合素质，强化管理者的人格魅力。进行人本化管理，其实是对教师尤其是教育管理者提出了更高的要求。以人为本，促进高校教育管理和谐发展是时代的发展适应大学生全面发展和个性发展的必然要求。构建和谐社会和谐校园的要求及新时期学生的思想特点等使以人为本的管理模式成为必然的选择。

三、构建以人为本的教育管理模式

（一）加深对学生的本质认识

高校教育管理，无论是计划和任务的确定，还是内容和形式的选择，都源于对学生的认识和把握，源于对学生个体发展中各种矛盾的深刻洞察。实际上，任何个体都有其自身具体、独特、不可替代的需求。不同个体的需求在整个群体中又都不是孤立存在的，它们

之间是相互联系和作用的。就高校教育管理而言，学生对自身所处管理环境的感受，对自己在学校中的地位，对学习、恋爱、人际关系、就业等个人发展需要得以满足的程度，都是影响管理效果的重要因素。

离开了对这些因素的认识、洞察和把握，高校教育管理就成了无源之水、无本之木。因此，我们只有全面考虑学生的个体情况，重视个人需要在管理中的地位和作用，并把它们看作运动的、变化的，高校教育管理才能有的放矢，提高管理效率，收到预期的效果。

（二）营造以人为本的校园文化环境

环境是人们赖以生存和发展的自然条件和社会条件的总和。校园文化环境，是指与校园文化的形成与发展密切相关的外部条件。校园文化环境包括校园的物质环境和校园的精神环境两部分。校园的物质环境是以布局成型的姿态出现的物质环境，主要是指校容，如建筑物的布局，室外的绿化、美化，室内的整洁、美观、大方等。校园的精神环境主要是学校的传统风俗、校风、人际关系、心理氛围、文化品位及活动构成的气氛等。人的发展及才能的养成，是遗传、教育、环境共同作用的结果。人不仅受他们所处的环境的影响，也在不断地改变环境。环境又进一步地影响他人和自己。就学校而言，这种对人的发展以及才能的养成产生影响的环境，就是校园文化环境，校园文化环境对学校的教育工作及师生员工的生活有着不可低估的作用。开展丰富多样、多元化的学生集体活动能够培养学生崇高的理想和高尚的道德情操，能够使学生的兴趣爱好和特长得到良好的培养和充分的发挥。在一个健全的集体中，学生的不良习惯及意识比较容易克服，因为集体的影响、优良作风的熏陶对学生思想品德的形成和发展能起到巨大的促进作用。要充分调动学生的积极性、创造性，设法激发学生的思维兴奋点，组织开展丰富多彩的集体活动，在集体活动中教育、培养每个成员的集体主义精神。通过各项活动，积极发挥和发展学生的才干及特长，使活动和教育融为一体。

（三）构建以学生为中心的管理模式，实现学生自我管理

贯彻以人为本的教育理念，构建人性化的教育管理模式，其中最基本的有两条：一是确保学生在教育中的主体地位，充分尊重学生的人格与自主权利。二是要对所有学生负责，为学生的全面发展提供应有的服务。

作为教育工作的重要方面，在管理工作中确保学生的主体地位，尊重和维护学生自主学习的权利，就要保证教育主体的主观能动性得到充分的发挥，使他们的个性得到充分的张扬，使学生的潜力和发展的潜质得到充分的挖掘。积极实践学生的"自我管理、自我教育、自我约束、自我服务、自我发展"等，不断培养和提高学生独立思考问题、分析问题、解决问题的能力，这不仅是改进学生工作，为学生的自主发展提供更大空间的需要，也是这些年来在教育管理工作中的成功经验。学生的"自我管理"，就是一种民主的、开放的、人性化的管理，它更加有利于实现学生成才的目标。

四、加强以人为本管理

做好教育管理工作，需要大家不断地努力，通过多和学生沟通，了解学生，从而更好地做好教育管理工作，立足于学生所需、学生所想，实实在在地为学生做好服务。在管理方面，教师应该更多地阅读教育学方面的书籍，更好地了解现阶段学生的心理状态，知道怎样处理出现的问题，同时，做教育管理工作的教师需要有满腔的工作热情和无私奉献的精神，时时刻刻关心学生，了解学生的需要，从更人性的方面出发。教师也需要合理的晋升培训机制，应大力鼓励管理工作做得好的教师，只有这样教师才能更有动力做好管理工作。

高校管理工作是一项责任重大的工作，高校管理工作要围绕学生的基础需要，立足于学生的发展，更多的是做一个好的引导者，让学生朝着更好的方向发展。这才是我们管理者在以后的工作中需要加强的。

五、提高教育管理工作者的素质

以人为本的管理理念体现出管理的自主性、民主性、灵活性和发展性等特征，这对教育管理工作者提出了更高的要求。所谓"教书育人"就是通过"教书"这一手段和过程达到"育人"的目的。高校各门课程都具有育人功能，所有教师都有育人职责。学校道德教育的成效很大程度上是由教师的道德素养所决定的。教师及各类管理人员要从不同的方面对学生的行为产生影响和作用，确立全员育人和全程育人的观念。学生工作者要深刻认识并准确把握经济社会形势和发展趋势，面对这些变化所带来的影响，能够因势利导地做好学生的教育引导工作。

建设一支高素质的学生工作队伍，一方面，高校要按照要求认真做好建设规划，做到与师资队伍和其他管理人员队伍的建设统一规划、统一实施；要明确条件、坚持标准，切实做好人员选配工作；要周密计划、合理安排，扎实推进人员培训工作；要提出目标、严格要求，不断增强学生工作者的责任感；领导和有关部门要对学生工作者思想上重视、工作上支持、生活上关心、政治上爱护，使学生工作者都能够随着形势的发展和工作的进行不断提高素质和水平，以满足事业发展的需要；另一方面，要求学生工作者加强自身修养，明确神圣职责，增强责任观念，树立服务意识，努力学习，积极实践，深入思考，大胆创新，不断探索新形势下学生工作的新路子、新方法，不断总结适应新形势、新情况下的学生工作的新经验、新成果，在全面服务学生成长成才的过程中发展自己，实现自身的价值。

以人为本的教育管理要追求以新奇制胜，以巧妙攻心，关注学生的日常生活和学习中行为表现的细枝末节，把为学生服务放在重要位置，创造性地进行管理。只有坚持"以人为本，和谐发展"的管理理念，适应新时期科学发展观的要求，倡导积极向上的学习观、人生观、价值观，实现教育管理模式的改革与创新，才能真正促进学生的全面发展、和谐发展和持续发展。

第三节　新时代大学生教育提升教育服务意识

现代教育以促进人的现代化和主体的全面发展为中心。主体性、发展性是现代教育的本质规定。基于此，现代教育倡导"教育是一种服务"的教育管理理念。它强调教育者（教师）以满足受教育者（学生）个性发展，为受教育者创造全面发展和主体生成的情境和条件。它概括了当今教育的经营态度和思维方式。在如何开展教育管理和教育活动问题上，相对于传统的教育管理理念，它具有自身的特点：一是教育服务理念体现了现代教育以人为本的精神，突出了主体，突出了主体的生成和主体性发展；以培养现代主体人格为根本，直接着眼于人，着眼于人的发展。二是教育服务理念下的教育管理活动是教育者与受教育者互为主客体的对象性活动，是在教育者的组织领导下，教育者与受教育者共同参与的活动；是教育者的启发、引导、指导与受教育者的认知、体验、践行的互动；是教育者的价值导向与受教育者自主构建的统一活动；是教育者与受教育者的相互教育与自我教育、教学相长的活动。三是教育服务是现代教育管理的整体特征，它不是教育活动的某个阶段或某部分、某方面的特征。作为现代教育的根本指导思想，它贯穿于教育管理活动的始终和教育管理活动的各方面。

教育服务的管理理念对于高校的改革、建设和发展有以下作用。

一、教育服务理念为改革高校教育管理提供内部驱动力

我们的教育理念是培养人、改造人、塑造人，这具有合理性和教育价值。但是，长期以来，人们一直将学生作为工作对象进行加工，将教育完全观念化，以至于我们不能正确理解教育与社会、教育与个人发展之间的关系，使许多教育政策与决策缺乏科学的基础。

树立高等教育服务理念，能够促使高校树立责任意识、市场意识和竞争意识，促使他们关注社会与受教育者的个人教育服务需求，推动高校自觉自主地进行改革，把握市场动向，完善服务体系，增强效益意识，提高服务质量。管理者自己对这种改革的需求和认同是改革高校教育管理最主要的动力。可以说，没有管理者对这种改革的深刻理解，没有管理者对教育管理的热情参与，没有管理者对学生管理的积极投入，教育管理理念要转变就

十分困难。要求高校教育管理者树立教育服务管理理念，就是期望在形成教育服务理念的同时，一方面，使管理者意识到自己与服务、服务与学生的密切关系，从而尝试改变对学生的态度，尝试用全新的视角看待学生；另一方面，也让管理者从根本上认识到传统管理的问题所在。服务理念首先是将服务对象当成自己一切服务工作的对象和焦点，将学生满意不满意作为衡量管理业绩的重要指标，在客观上，迫使管理者反思原来的管理理念，并努力接受新理念、新方法。这样，就能形成一种内在动力推动他们进行改革。

二、教育服务理念为引导高校教育管理提出新的目标

传统教育理念培养人一般只要求听话、驯服，而不注重独立思考能力。教师培养学生追求"齐步走""整齐划一"，对学生个体之间的差异和个体特征重视不够，因而培养出来的学生往往缺乏创新思维，很难适应时代发展的需要。

学生是共性和个性的统一。共性是指学生的群体属性，个性则指学生的个体属性。处于同一年龄阶段的学生，由于他们生命过程和生活经历的相似性，他们的身心发展在同一规律支配下，表现出某些相同或相似的属性和特征，即共性。但这些共性只是相对而言的，由于个体间遗传因子、家庭背景、社会环境及教育影响的差异，学生的身心发展无论是在内容上还是在水平上都是千差万别的，学生的性格、兴趣、爱好、智力、能力不完全相同，即具有个别差异。这种个别差异是绝对的，是不以人的意志为转移的。这是教育管理必须面对的事实。

树立高等教育服务理念，不仅能够让我们意识到学生共性和个性的差异，还能够让我们意识到："高等教育服务的生产者是教育工作者，他们通过消耗智力和体力，生产出适合不同教育对象需求的，具有多方面性能的教育服务，处在生产领域。学生则是高等教育的消费者，处在消费领域。"这种理念为高校教育管理实践提出了新的目标。作为提供教育服务的教育者，在教育管理中应以学生为本，尽量满足学生（作为消费者）的需要。不同的学生有不同的需要，同一学生不同时期的需求层次也不尽相同，需求的多样化就决定了教师工作的复杂程度。在提供教育服务时，教师不再是以前高高在上的管理者，而是成了"弯下腰去"为学生提供服务的教育服务生产者。要生产出优质教育服务，以满足不同人的所有合理需求，教师就要自觉地树立以人为本的服务理念，"弯下腰去"掌握学生的思想动态，了解他们需要什么，喜欢什么，想些什么，关心什么，拥护什么，反对什么，兴趣何在，更要了解不同年龄学生身心发育的规律和特征。要深入到课堂，深入到食堂，深入到学生宿舍中，深入到学生活动的各方面，只有这样，才能从学生的角度制定出符合他们身心发展需要的管理规章，才能努力完善他们的个性，充分发挥他们蕴藏在主体内部的创造潜能，才能受到更多学生的欢迎和喜爱。要生产优质服务，教师还要了解学生需求的变化。社会在变，时代在变，生活环境在变，学生的思想观念也会随之发生变化。这就要求教师不断调整教育方式，随时了解以前的规章是否符合发展了的实际，以前的教育方

式、教育手段是不是学生愿意接受的。

三、教育服务理念为高校教育管理创造新型师生关系

传统的教育理念认为，学生是教育的客体，教师是教育的主体。受这种教育理念的影响，在教育管理中，教师和学生之间是管理者与被管理者的、等级式的、指挥与服从的关系，学生是绝对的弱势方，学校是绝对的强势方，教育者总是凌驾于学生之上，对学生指手画脚，发号施令，有时甚至采取"训斥"和"惩罚"的手段进行压服，甚至制服学生。这种管理方法虽然可以暂时维护教育者的尊严和权威，也会取得一定的管理效果，但它付出了扼杀学生主体性、自主性和主观能动性的最大代价。

树立高等教育服务理念，要求教育者重新审视以前的师生关系，树立起新型的师生关系；从高等学校教师方面看，在教育服务生产过程的师生关系中，学生作为教育服务消费者，在教育过程中拥有重要地位，教师必须予以尊重，教师作为教育服务生产者，不能不认真考虑作为教育服务消费者的学生的意见要求。这意味着教师必须改变角色意识，树立服务理念，从提高服务质量、保证消费者满意的角度出发考虑一切，才能做到因材施教；从学生方面看，意识到接受高等教育是对高等教育的消费，意味着他们必须树立独立意识和自主观念，他们必须对自己的选择和行为负责，不能完全依赖学校和教师。这种新型的师生关系有利于教育管理中师生平等地、朋友式地、相互尊重地交流对话。管理者也只有从观念上意识到对学生进行管理就是对学生的一种服务，认识到尊重学生就是在尊重自己，放弃学生就是在放弃自己，学生的失败就是自己的失败，失去了学生就是失去了自己，教师才可能真诚地去爱，真诚地付出，新型的师生关系才可能得以建立。在这种新型的师生关系中，教育管理倡导以"爱"为核心的情感管理。爱是一切教育的起点，是开启学生心灵的一把金钥匙，也是教育引导和管理学生的一种精神动力。只有爱学生，教师管理学生才能做到十分耐心，了解学生才能非常细心，为学生服务才会一片热心。而爱学生的最有效途径就是和学生交朋友，成为学生的良师益友。这样，一方面，可以唤起教育管理者的友爱之心，使教育管理者乐于并善于与学生交友；另一方面，可以使学生把教育管理者看成最值得信赖的人，向管理者敞开心扉，吐露心声，心悦诚服地愉快地接受管理。

四、教育服务理念为高校教育管理的评价提供新的依据

无论什么条件下，任何一所学校的教育管理都有获得良好效果的预期。不同时期，人们衡量教育管理质量的依据不尽相同。传统的教育理念从管理者的角度出发，管理质量意味着管理特征对组织的规定与要求的符合程度。这一视角使组织更关注效率，即用最小的成本获得最大的收益。

树立高等教育服务理念，衡量教育质量的标准主要是服务对象的满意度。这一视角更

关注服务对象需要的满足。与传统理念相比，这一理念已经意识到了不同的服务对象会对同一产品感知到不同的质量水平。当学生或家长感知到满意的服务时，也就是他们对所有服务特征的期望都得到满足或超额满足时，他们把整体服务感知为优质，并因此对学校和教师保持忠诚，从而对学校产生归宿感。用满意度衡量教育管理，传统的强迫式的管理方法必然失去效力，这就促使教育管理者要转变理念，认真研究学生，了解学生的身心特点，了解学生的需求，创新教育方法，满足学生需要，从而为高校教育管理提供新的衡量依据。

用满意度衡量教育管理具体表现在要符合学校教育质量的以下几个特征：一是有效性，也就是能有效地发挥教育服务产品的功能和作用，满足学生学习的欲望，促进学生的发展。二是经济性，是顾客为了得到教育服务所承担的费用是否合理，优质与廉价对顾客是同等重要的。三是安全性，是学校保证服务过程中学生的生命不受危害，健康和精神不受伤害，人格不受歧视，合法权益受到尊重和维护。四是时间性，顾客对服务的时间上有需求，他们需要及时、准时和省时。五是舒适性，需要舒适的学习环境，以及令他们感到舒适的服务态度。六是文明性，顾客需要学校有一个自由、亲切、受尊重、友好、自然和善意的、理解的氛围，希望教师有较高的知识修养、文化品位和优雅的举止谈吐。

用满意度衡量教育管理要以服务对象为衡量主体。学校应给予学生充分的评估权；学校应制定教育服务质量标准，并使服务者了解标准；进行学生满意度问卷调查，用以作为衡量教育管理的主要标准。用满意度衡量教育管理并不意味着对传统衡量标准的彻底抛弃。为了对高校教育管理做出更科学的评价，我们认为，可以建立高校教育管理满意体系。这种体系除了学生满意以外还包括管理者自己满意体系，包括上级对下级的满意、下级对上级的满意以及家长满意、社会满意等。这种系统化的满意体系有利于学生的健康成长，有利于学校的管理，使师生之间建立起共同学习、共同进步的良性循环。

五、在教育管理工作中树立服务意识的几点要求

（一）思想观念要转变

长期以来，传统的教育管理工作是以管理者为中心开展的，管理者对学生拥有绝对的权威，管理者与学生的关系是"管"和"被管"的关系，管理的内容主要表现为要求被管理者"做……""不做……""如果……就……"，管理的基本方式是"要求""批评（甚至是训斥、吓唬）"和"处分"。这样的管理方式在特定的历史时期，对矫正学生的不良行为习惯是起到积极作用的。但在这样的管理理念下培养出来的学生缺乏独立思考的能力，缺乏创新精神，依赖性强。伴随着社会主义市场经济的不断发展，社会竞争日益激烈，社会对大学生素质、能力的要求不断提高，传统的管理模式已经不再适合当前的高校教育管理工作，我们就应该结合新情况，用发展的思维改进它、完善它。在管理中融合服务的思

想，体现以人为本的管理理念就是适应新形势的有效方法，我们应意识到它的重要性，切实贯彻到管理工作的各方面和环节中。

（二）工作态度要转变

学生是整个教育过程的主体，在教育管理工作中要充分尊重学生的个性和人格，转变以前高高在上的管理者的姿态，带着管理就是服务的理念，不断提升自身对学生的吸引力和亲和力，主动深入学生群体，经常倾听学生的意见和建议，及时对工作不足之处加以整改，贴近学生生活，贴近学生实际，视学生为朋友，宽厚待人，主动尊重、理解、关心和帮助他们，引导他们以主人翁的姿态投入学习、工作和生活，促进他们道德自觉自律意识的养成，最大限度地发挥他们的创造潜能。

（三）工作作风要转变

树立落实服务意识，关键还是在工作作风上的转变。要把解决学生的思想问题和实际问题结合起来，主动观察学生关心关注的热点、焦点问题，及时高效、公平、公正地做好学生的评优评奖、党员的发展、贫困生精神和物质的帮扶、就业推荐和指导等工作，让学生感受到实实在在的服务效果。特别是在对学习后进生和个别违纪同学的管理中，要学会感动他们，通过各种有效的帮助教育途径，如指导学习方法、多表扬他们的优点等，使他们觉得教师的工作是为他们着想，是为了实现、发展和维护他们的利益，从而自觉学好表现好，促进整个群体管理的顺利开展。

（四）服务意识的树立要与坚持制度相结合

在教育管理中，制度是工作的保障，服务是工作的理念，稳定和谐是工作的目的。强调树立服务意识不是抛弃制度的约束，而是增加制度落实的人性化，没有制度依靠的服务是无力和软弱的。对于个别纪律观念薄弱、思想觉悟低、道德品质差、屡次违反纪律的学生就应该按照规章制度给予相应的处分和处理，这样才能维护绝大多数同学的权益，赢得绝大多数同学的支持。同时，规章制度的坚持与落实需要服务意识的体现，只有怀着服务好学生的思想，才能赢得学生的理解与配合，才会将外在的规定转化为他们内在的自我要求，教育管理才会具有实效性和持久性。

六、在教育管理工作中树立服务意识的几点建议

（一）建立一套科学、规范、完善的学生工作制度

高校应按照国家有关法律规定，依据本校实际情况制定完整的、可操作性强的程序、步骤和规章制度，并以此规范学生的行为，行使有效的管理。完善学校的规章制度，第

一，应确定制定主体，不仅学校领导参与，管理者参与，作为被管理者的学生也要参与，这样才能充分体现学生的利益，实现"以人为本"。第二，学生管理制度应当完善，不仅要注重实体内容，还应当注意到程序内容。比如，学生处分制度，应当列明学生在哪些情况下会受到处分，还应有学生辩护机制和申诉机制。在所有的程序都进行完之后，再由决策机构认定处分该不该执行。第三，学校应有快速的反应机制，当国家一项新的教育管理政策或者法规出台以后，学校应快速地反应并制定出相应的实施意见。最后，除了这些强制性的规定，还应当有一系列自律性的规定，使学生明确集体生活中行为自律的重要性并自觉规范自己的行为。

（二）发挥学生的主体能动性，变被动管理为自我管理

在工作中要注意调动好学生自身参与管理的积极性，让学生积极参与学生管理工作，改变学生在教育管理工作中从属和被动的地位，不单纯把学生看作教育管理的客体，消除大学生对于被管理的逆反心理，实现大学生的自我管理。教育管理中宜推行学生工作处指导下的，以辅导员、学生干部为调节的，以学生自律委员会为中心的相对的教育管理方式。既能锻炼学生的能力，同时又达到了管理的目的。

（三）完善对教育管理者的选拔模式和培训机制

提高教育管理工作者的待遇，建立一支专业稳定的教育管理队伍。一是学生管理者的选拔模式要创新。如今的教育管理工作者的选拔制度存在一定的缺陷，有的毕业生为了留校做教师而将从事教育管理工作作为以后成为任课教师的跳板；有的则是通过种种关系安排进来。因此，在这样的情况下，教育管理工作者很难保持高度的热情，管理水平也不一定高。而新的选择模式是要面向全社会，以完善的选拔机制完成对教育管理工作者的选拔，这样能招募到各类人才，使学生管理队伍进一步扩大并提高一定的质量。在选拔人才的时候尤其要注意他们在教育学、心理学、管理学方面的知识。在国外，做家政服务都必须具备心理学、教育学相关资质，持证上岗。作为教育管理者的选拔就更应注重教育、心理、管理方面的知识，最好是要求具备这方面的学历。二是教育管理者培训机制要创新。教育管理工作是一项灵活多变的工作，需要管理者有足够的经验和专业知识处理各种突发事件，因此，对管理队伍的专业培训显得尤为重要。在新型教育管理模式下，任课教师是一个了解学生情况和反馈情况的角色，宿舍管理者也是一个重要的角色，因此，原来这种专业性的培训机制针对的主要是校、院、班三级的教育管理工作者的做法要改变，应面向专业课教师、学生辅导员和宿舍管理员。对学生辅导员、宿舍管理员要注重教育学、心理学、管理学方面知识的更新与培训，提高他们对突发事件的应急能力，让他们将"学会管理"与"学会学习"结合起来，使教育管理工作者能不断超越自我，从而培养出一支专业稳定的教育管理队伍。注重专业课教师对学生工作相关知识的了解程度的培训，使他们从被动到主动关心学生的成长，关心学生工作，从而在各高校树立全员育人的思想。三是关

注教育管理者的待遇。教育管理工作需要管理者保持极大的耐性和工作热情，管理工作相当烦琐，使很多管理者不能维持工作的长期性，而管理者的经常变动则影响教育管理工作的开展和完善，因此，提高学生管理工作者的待遇，使其能稳定地从事这一工作是必要的。

（四）加强学生的德育教育和心理健康教育

当今高校教育中的人才培养，不只是要使其获得专业知识和技能，也要培养其道德修养和心理素质。大学生面临来自学业和就业等多方面的压力，当他们独自面对压力时，独生子女的心理弊端便显露出来，承受能力差，易造成一些消极的后果。高等学校是培养主流意识形态的重要阵地，对构筑大学生良好的精神世界发挥重要作用。高校学生教育管理者应通过各种渠道和方式，帮助大学生树立正确的世界观、人生观、价值观，形成高尚的道德情操和坚强的心理素质。因此，高校教育管理工作中的重要内容就是加强学生的德育教育和心理健康教育。这一点很多高校已经认识到并正在改进，特别要注意结合大学生实际，广泛深入开展谈心活动，有针对性地帮助大学生处理好学习成才、择业交友、健康生活等方面的具体问题，提高思想认识和精神境界。要制订大学生心理健康教育计划，确定相应的教育内容、教育方法。积极开展大学生心理健康教育和心理咨询辅导，引导大学生健康成长。

以人为本的管理模式是顺应当今形势且行之有效的模式。教育管理者要结合实际情况积极运用这种模式，在管理中树立服务意识，充分调动学生自我管理的积极性和能动性，实现管理者和被管理者的有机融合，实现教育管理的时效性和持久性。

第四节　新时代大学生教育管理方式创新与网络利用

创新是高校教育管理的灵魂，也是高校发展的关键。高校只有大力进行管理的创新，摒弃陈旧、落后的管理方式和方法，创建一种与时代发展相适应的新的管理机制，才能真正提高高校的管理水平，从而实现高校提高办学质量和办学效益，培养大批优秀创新人才的现实目标。尽管全面创新管理是针对企业的创新提出的，但对高校也同样适用。

一、高校教育管理工作创新的必要性

今日高校的功能已由单一走向多元，从简单趋向复杂，高校与社会的关系日益紧密。21 世纪，人类社会正进入一个以智力资源为主要依托的全球化知识经济时代，伴随知识经济社会的到来，高等教育将在社会中发挥空前重要的作用。高校作为法人实体，必须有全面创新思维，否则将落后于历史前进的步伐。全面创新管理特别是其根据环境的变化突破了原有的时空界域和局限于教学管理部门和教师创新的框架，突出强调了新形势下全时空创新、全球化创新和全员创新的重要性，使创新的主体、要素与时空范围大大扩展。

（一）管理创新是培养高素质人才的需要

当前，科技飞速发展，新技术不断涌现，要培养大批高素质人才以适应新时期的生产建设，必须不断推进教育创新，这不仅包括教育观念、教育制度的创新，在人才培养模式和教育管理工作上也必须探索出一条新的道路，才能提高人才的素质和能力。教育管理工作是高校育人的重要手段，其本身并不仅是一个简单的政策、制度、规章所能涵盖，它是一整套理论体系和系统工程的反映。教育管理工作的创新过程必须不断与外界思想、政策、环境相比较，适应时代的潮流和社会的发展，这样才不会被时代所淘汰。

（二）管理工作创新是高等教育大众化的需要

自高校扩招以来，招生规模不断扩大，学生人数不断升高，以前的所谓"精英教育"渐渐被大众化的教育模式所取代，大学生的整体素质和层次也在发生着巨大的变化，这对高校教育管理工作是一个不小的挑战。高校教育管理工作只有积极创新，不断探索，才能适应高等教育大众化发展的要求。

（三）管理工作创新是服务学生的需要

我国当前正处于社会转型期，社会生活方式逐渐多样化，大学生的思想观念、价值观念、生活方式都在发生着巨大的变化。网络技术快速发展，大学生对于新知识、新技术的接受和学习更快，这使他们被网络深深地影响着。从教育管理的层面看，互联网的确带来了新的技术和方法，但互联网也冲击着传统的管理方法和体制。网络信息良莠不齐，不少学生难以判断、抵御不良信息的侵袭，其思想受到这些虚假、反动信息的毒害，导致部分学生沉溺于网络游戏等，甚至走上违法犯罪的道路。因此，必须对管理模式进行创新，这是加强学生工作的需要，也是提高高等教育质量的需要。

二、全要素创新在高校教育管理中的应用

（一）高校创新发展战略的制定为全面创新指明了方向

高校在战略措施的制定上，要找准切入点，突出特色，坚持特色办校，将有限资源用于战略性、关键性的发展领域，使之发挥最大的效用。高校的优势来源于管理者将内部所具有的专业特色优势、人才优势、学术科研成果、管理经验、资源和知识的积累、整体创

新能力等多种因素整合。只有建立在现有优势基础上的战略，才会引导高校获取或保持持久的战略优势。推进特色办校战略，不仅在某一学科或专业上有特色，而且尽可能在某一领域上有特色。

（二）创新文化的建设是实现高校全面创新的源泉

各种创新活动都离不开高校创新氛围的基础，如果高校中人们的思想僵化，思路不清、机械、呆板，满足于现状，不思进取，缺乏创新欲望、动机，对创新举动不予理睬甚至百般阻挠，就不可能形成强烈的创新氛围。据研究，国内外的一些著名高等学校，其保持长盛不衰的活力之源就是独特校风的延续和更新机制的存在。

（三）技术创新是实现高校全面创新的手段

现代信息技术对教师的学科知识结构以及掌握现代化教育技术的程度也提出了更高的要求，教学方法和手段的现代化及课程内容的更新，影响教学过程和人才培养的过程，对大学生的思维方式、行为模式、价值观念、政治倾向等都会产生深刻的影响。

（四）创新制度设计是高校实现全面创新的保障

任何一个制度和政策设计的终极目标都是要最大限度地激发人的积极性。高校必须承认个人在知识发展中的独特性，建立以人为本的有利于学生创新思维、创新能力培养的管理制度，既有利于充分发挥学生的学习积极性，又有利于充分发挥教师的教学积极性。

（五）学习型组织是高校实施全面创新的必然选择

随着我国高等教育向大众化阶段的迈进，高校办学规模不断扩大，管理幅度和管理层次也相应增加，高校实际上已经成为一个复杂的组织系统，传统的金字塔式的组织结构已很难适应知识经济的要求。因此，应改变组织结构，建立一种有机的、高度柔性的、扁平的、符合人性的、能持续发展的、充分发挥员工的创造性思维能力的组织。

（六）全时空创新在高校教育管理中的应用

全时空创新指每时每刻都在创新，使创新成为涉及学校各个部门和师生员工的必备能力，而不是偶然发生的事件。这就要求在课程体系中增加创新能力的训练和综合实践课程，提高学生在亲身实践中发现问题、解决问题的能力，进而激发灵感。

教师要更新教育观，转变教育思想，改变常规教学方法，把知识的最新成果以及学术界正在争论的问题随时融进教学中，身体力行地站在创新的最前沿。况且，在全球经济一体化和网络化的背景下，高校应该考虑如何有效利用创新空间，在全球范围内有效整合创新资源为己所用，实现创新的全球化，即处处创新。

（七）全员创新在高校教育管理中的应用

全员创新要求师生员工必须学习、学习、再学习，不仅要系统学习掌握基础的现代科学文化知识，而且要钻研某一专业方面的前沿领域，做到博与专、基础与特长的和谐统一，加强当前的阶段性学习，更要强调终身学习，不断增加新知识、新技能，保持良好的知识结构。高校教育管理人员再也不能像以往那样用传统的组织手段指挥一群富有知识、渴望创造的教育工作者，必须不断探索高校教育管理中的新规律、新问题，研究现代化高校教育管理的新的方法论，寻求新形势下行之有效的管理方法，努力增强高校教育管理的科学性和艺术性，不断提高管理成效，用信息化管理方式取代传统管理方式，更要学习借鉴国内外先进的高校学生管理经验。

（八）全面协同在高校教育管理中的应用

正常的教学秩序需要稳定的教师队伍和部门间的协同管理创新。目前，高校规模的不断扩大使高校教育管理创新呈现出纵向的多层次和横向的多部门性，并且相互依存。无论从高校教育和教学管理的主体还是从客体看，都不可避免地会出现利益和要求的多元化局面。高校教育管理中的协同创新行为是高校多个部门创新的组合过程，必须让所有参与协同的部门了解当前高校组织创新的实际情况，这不仅有利于单个部门的创新，而且在创新的过程中能进一步增进相互理解和信任，利用部门间相互协同创新，增强高校的凝聚力，提高高校的管理效率和创新能力，最终实现解决矛盾，缓解纠纷，消除内耗，达到整体创新的目的。

第二章　新时代大学生教育技术的创新

第一节　技术创新是大学生教育引领创新的核心

一、互联网技术

（一）互联网技术概述

"互联网＋教育"的平台是互联网，只有互联网不断发展带来的技术创新，才能不断地促进"互联网＋教育"的发展。

随着互联网新应用和新功能的不断出现，互联网与大脑结构具有越来越多的相似性。远程操控的硬件设备、各种地方的传感器设备，以及对于信息的传输和处理等，这些互联网的现象已经具备了神经系统的萌芽。互联网进化的观点认为互联网将向着与人类大脑高度相似的方向进化，它将具备自己的神经系统、记忆系统、处理系统，不断发展的互联网将会帮助神经学科学家揭开人类大脑的秘密。

每一次人类社会的重大技术变革都会导致新领域的科学革命，大航海时代使人类看到了生物的多样性和孤立生态系统对生物的影响。无论是达尔文还是华莱士都是跟随远航的船队才发现了生物的进化现象。

大工业革命使人类无论在力量的使用上还是观察能力上都获得了极大的提高，为此后100年的物理学大突破奠定了技术基础。这些突破包括牛顿的万有引力、爱因斯坦的相对论和众多科学家创建的量子力学大厦，这些突破都与"力"和"观测"有关。而互联网革命对于人类的影响已经远远超过了大工业革命。与工业革命增强人类的力量和拓展人类的视野不同，互联网极大地增强了人类的智慧，丰富了人类的知识：而智慧和知识恰恰与大脑的关系最为密切。

二、教育改革创新

（一）教育信息化模式

教育信息化是"互联网＋教育"的基本内容，将现有的教育资源和教育体系融入互联网，实现教育信息的快速传播，通过大量信息的堆积形成系统的教育数据库，满足不同受教育者的个性化要求。教育信息化也称智慧化教育，即通过先进的互联网技术，满足开放、共享、交互以及协作的基本教育模式，运用信息技术改变传统的教育模式。

（二）高等教育发展路径

互联网技术与教育深度融合的趋势不可阻挡。虽然，"在线教育"不可能完全取代大学校园里的课堂教学，但其运作模式开始触动传统高等教育的根基。

高等学校应系统规划，积极探索"互联网＋"背景下高等教育的发展路径，大力推动传统教育信息化发展。

1. 积极推动信息技术在教育教学过程中的全面应用

可以借鉴国外发展慕课的先进经验，在教学实践的基础上构建自己的在线教育平台。通过建设内容丰富、使用便捷的网络化教学平台，有计划地进行线上、线下相结合的混合式教学、翻转课堂等新型教育模式试点，逐步实现课堂教学、师生互动、效果评估等教学过程的在线化。

2. 要审慎选择，认真组织网络课程

网络公开课程有助于展示学校优势、扩大学校品牌影响力，因此在教学实践的基础上，学校应该适时地将自己最强、最具优势和特色的成熟的网络公开课程推出来。良好的教学质量是学习过程的核心。"在线教育"的成功在于努力为学生提供最优质的课程和个性化学习服务。这就要求学校要审慎选择，教师要精心准备、科学设计，不能简单地将教学搬到网上。现有的一些在线课程仅仅是课堂录像，加上极其简单的 PPT，课程内容枯燥无聊。需要对传统课程的内容和结构进行调整以适应网络教学的新要求。

3. 创新激励机制，加强教学团队建设

"在线教育"不是精英教授的独角戏，而是一种全新的思维模式和学习方式，是专业化教学服务团队协同配合的结果，需要教学设计师、主讲教师、辅导教师、IT 专家和摄影师等多方面专业人员的共同努力。课程建设必须精心准备、认真设计，需要教师投入大量的时间和精力。因此，高校应积极推进课程团队建设，构建鼓励教师参与的激励机制，支持和促进教师跨时空团队的形成发展。可以通过创建基于信息技术的智能化课程教学服务体系，推动教师专业化分工和集成化管理，将教学从教师的个体劳动转化为团队合作。

4. 科学设计，提高学生参与程度

"在线教育"不仅要将社交网络、在线资源以及相关领域的名师大家整合在一起，更重要的是构建一个学生积极参与的环境，使他们可以根据学习目标、现有知识技能和共同兴趣自我组织学习过程。要充分发挥网络技术的优势，加强师生互动、学生互动环节的设计，可通过视频聊天室、在线游戏、网络沙盘及线上论坛等多种形式增强师生互动，而这种互动正是学习过程的核心。这会对教师的时间和精力提出很高要求，需要高校在政策方面给予支持和倾斜，创新师资队伍的保障机制与激励机制。开发网络课程意味着教学与科研之间原有的平衡关系会被打破，高校应进一步创新教学模式和调整科研政策。

5. 探索科学的运营模式

免费是目前很多"在线教育"资源的基本特征，但是，免费不能支撑在线教育的可持续发展。网络课程建设需要长期、大量投资，仅仅依靠大学自身的力量难以支撑长久运营。因此，无论是大学自己的开放平台，还是其他形式建立的平台，都必须探索科学的市场化赢利模式，找到持续稳定的资金技术支持。从实践来看，互联网企业在免费策略下的赢利模式主要有两类：一是投放广告，如新浪、百度、Google、Facebook 等互联网企业的主要收入都来自广告，这类企业多半属于大众传媒类企业；二是先免费，培养顾客习惯，占领市场高地，然后逐渐过渡到收费，淘宝就是这种模式的典型。这些互联网企业的成功经验都值得"在线教育"借鉴。此外，"在线教育"还可通过提供延伸服务获得收益，比如，可根据需求为学生提供收费的结业证书，为企业提供定向培养服务；帮助企业从其毕业学员中招募员工；为其他大学提供高水平的课程材料；等等。随着"在线教育"的成熟和普及，在社会上形成网络学习的氛围和习惯后可逐渐过渡到收费模式。

6. 创新高等教育管理体制

"互联网＋"模式给现行高等教育教学体制带来了巨大冲击，将引起学术权力与行政权力之间关系的解构与重构。在现行管理体制下，我国高校之间的边界清晰、严格，基本处于隔绝和封闭状态，相互之间教学合作少，重复开课多，资源浪费现象严重。传统的学籍学分管理、学历证书等一系列教育制度都限制了"在线教育"的发展。因此，面对互联网时代的历史性发展机遇，政府和高校都要从战略高度予以充分认识和重视，加快高校教学模式、管理体制的根本变革。除了高校要主动参与这场全球范围内的高等教育互联网之战外，从宏观层面，还要实施高等教育管理体制创新，创建多元化办学体制，拓宽高等教育投资渠道。

（三）在线教育平台介绍

1.. 慕课平台（大规模开放在线课程）

学生无论身在何地，只要有互联网就能参与学习。"互联网＋教育"的开放性除体现

在授权开放、课程结构开放、学习目标开放以及课程注册和退出自由外，还体现在信息、知识、观点和思想的自由共享等方面。其优点是：

（1）互动性比较强

学生可以参与网上课程的实际运行，有学习的时间节奏、经常性的小测验、预习阅读、课后作业等教学活动。

（2）可获得证书

学生达到课程要求可获得证书。

由此可见，慕课平台实际上是提供了一个网上课程交易平台，由平台认可的大学及其教师提供课程。

2.B2B 平台（为机构客户提供服务）

在线机构将研发的课程或服务直接提供给机构客户，机构客户在此基础上利用课程进行教学，或利用服务（如相关在线课程系统软件、服务和解决方案）建立在线教育体系，在线教育机构和机构客户从学费或者课程中进行分成。B2B 平台赢利方式主要有平台广告、平台交易、自销产品、平台搜索、增值服务、线下服务、商务合作。

3.B2C 平台（自制课程提供给学习者）

在线教育机构提供优秀的教育资源服务，会把教学资料和视频等内容都上传到其服务器上。以学院为中心，学习者可根据需要随时随地学习所需课程，充分体现了现代学习理论中以学习者为中心的理念。学习者遇到问题可以随时在线向教师提问。在线教育机构所聘任的教师提供在线实时答疑服务，及时解决学习者在学习方面遇到的困惑。

4.C2C 平台（1 对 1 即时互动学习）

以即时通信工具如 QQ、微信等为技术环境，通过网络和即时通信工具相结合的模式营造学习者、教师之间的互动交流平台。教师和学习者之间以及教师之间、学习者之间在这个平台上进行沟通和交流，教师可随时随地进行在线教学及答疑服务，教师间可交流合作，学院间可讨论交流。该平台的赢利方式主要为会员费、交易提成、广告费、搜索排名竞价、支付环节收费。

5.SNS 平台（基于社交信任驱动教学）

SNS 是根据真实社会关系和人际关系而建设起来的 VR 网络社区。

SNS 的互动性可以给学习者与学习者、学习者与教师、学习者与学科专家之间提供更畅通有效的交流协作空间。信息分享者除了可以帮助学习者获取资源外，还能更好地实现知识的传播。另外，学习者在 SNS 上还可以训练协作，别人的点评和建议甚至是批评可以给学习者带来动力，或者使学习者发现自己在学习上存在的主要问题。SNS 的社会性还可以极大地帮助学习者提高自己的应变能力和社会认知能力。

6.O2O 模式（线上、线下学习相结合）

本地化教育模式，方便不同地区学生的学习。在线教育课程可以降低教学机构对教师的依赖，线上、线下结合保障提高学生的学习效果。慕课借助优秀的大学教师讲课，有其独特优势，但是具体哪一种模式更符合"互联网＋教育"发展的需求，还需要进一步检验。B2C 的模式直接面向学生，质量上有保障。

在教学领域，"互联网＋"时代对高等教育的影响主要表现为自 2012 年以来慕课所引发的高等教育领域的数字海啸。"互联网＋"时代为高等教育的教育理念、教学边界、教学过程、教学质量评价带来深刻变革。在教育理念上，传统高等教育自上而下的教学模式将让位于分布式协同的教育模式，学生从知识的被动接受者变为主动参与者。在开放的学习空间和社交网络，学生可以分享信息、观点和经验。在教学边界上，以慕课为代表的互联网教育将打破传统高等教育的物理边界和地域边界。校园围墙正在被打破，虚拟学习环境向全球延伸，优质教育资源全球共享。在教学过程管理中，"互联网＋"要求高等教育以学生为中心，注重学生的体验，师生关系更为平等。教师由传统教育的注重内容传授变为注重学生学习过程的思维、学生评价和体验，教师的责任由教学转变为教学辅导。传统高校教学管理的考勤制度、学时制度将变得更柔性化。在教学评价与质量管理上，慕课带来了新的问题，如对学生学习过程的评价（如何判断是否本人学习和原创、如何避免抄袭、学分认证等）。教师教学评价体系也相应发生变化，包括教师课程设计与开发能力、教学互动、教学社会影响等。

（四）相关领域创新模式

1. 科研领域从创新 1.0 到创新 2.0 的开放式协同创新模式

大学按学科门类、学科大类或专业设置院和系所，学科泾渭分明，条块分割。学科细化和研究的各自为政将科技创新人为划分为众多小块，当面临产业重大需求的战略性调整时，现有科研存在不适应、不满足现象，难以很好解决技术创新产业化问题。传统高校科研以技术发展为导向、科研人员为主体、实验室为载体的创新 1.0 模式正在向以用户为中心，以社会实践为舞台，以共同创新、协同创新、开放创新为特点的用户参与的创新 2.0 模式转变。

互联网分布架构和开源创造的特点使得互联网时代的高校科研能充分利用横向力量打破科研和学科发展的条块分割，突破地域和组织机构的边界，促使科技创新组织模式由纵向金字塔等级模式转变为日趋扁平化、网络化的横向分布式协作模式。嵌入网络的每个对象是既分工又协作的关系，从而使科技创新的组织模式由封闭与离散走向开放与协同。研究者来自不同领域，以分布式方法共享知识和信息。

学科交叉融合部分涌现创新。通过吸收各方参与的力量和协同创新精神，高校科研实现跨部门、跨领域、跨区域、跨行业的协同创新，通过协同创新获得"合作剩余"和社会福利的改进。

2. 服务社会领域从传统的科技成果转化到"互联网＋科技成果转化服务"模式

传统的科技成果转化较多采用直接技术转让、校企合作转化、大学科技园转化、技术转移办公室或中心转化等模式。传统科技成果转化面临科技成果产业实用性偏低、应用开发脱离市场需求、难以找到合适的合作企业等问题。"互联网＋"时代高校的科技成果转化应运用互联网思维，将互联网与高校科技成果转化相结合，通过在线技术交易模式精准对接市场需求与高校研发，形成"互联网＋科技成果转化服务"模式，促进高校科技成果转化，打开科技与经济社会发展通道。一是利用"互联网＋"精准对接高校科技成果转化供需方需求。科易网、中科网等利用互联网通过推出在线科技展会、技术交易价格评估系统、在线技术交易服务保障体系连接各类科技成果转化平台、技术市场平台、中小企业创新平台和院校技术转移平台，将"企业圈"与"技术圈"精准对接，以用户为中心，为企业、研究所、高校技术发明者和所有者推出会员服务。二是为高校科技成果转化提供评价和信用服务。借鉴淘宝网等交易网站的信用度、产品体验、用户评价等方法，对科技成果转化双方或多方进行评级打分，实行高校科技成果转化参与方的相互评价，形成高校科技成果转化的评价大数据，为后续技术转化提供评价和信用服务。如中科网提出要以互联网思维为导向，做科技中介网站里的淘宝网。三是利用互联网大数据对高校科技成果交易需求、交易过程、交易项目进行海量信息分析，对分类高校科技成果、分类企业的价值创造、技术转化进行量化分析得出趋势性判断，为高校科研提供参考。

随着移动互联网的发展，以及智能手机和移动终端的普及，第三方应用程序 APP 改变了人们的生活习惯和消费习惯。互联网时代的高校科技成果转化要利用 APP 营销推广科技成果。与传统移动媒体营销相比，APP 营销具有成本低、精准性好、互动性强、即时服务、用户黏性强等优势。互联网时代的高校科技成果转化要采取 APP 营销模式，在充分收集科技成果转化目标用户历史数据和信息的基础上，利用 APP 精准投放科技成果转化的需求和供给信息，建立以目标用户为主导的双向甚至多向互动，跟踪技术供需双方转化进度和问题，深入挖掘用户需求，实现科技成果的顺利对接与转化。

（五）教育信息化的优势

1. 教育资源丰富化、全球化、共享化

互联网已成为当今世界上最庞大的信息资源库，世界各国网站中都存储着海量信息，它们以 Web 的形式互相关联，构成了一个"万维网"，在海量信息中能够直接或间接服务于教学的信息资源取之不尽、用之不竭，而且信息共享。

2. 校园、课程、考试、评价多媒体化

借助光盘、云存储、大数据等大容量的特性，越来越多的教学材料采用多媒体形式，这些媒体材料不仅包括文字和图形，还能实现声音、动画和三维场景的再现，并通过超级链接的方式，把相关信息进行有机整合，使信息变得更为生动和实用，更贴近学生的日常生活，更符合学生的学习需要。"互联网＋校园"形成了全新的教学生态，"互联网＋考试"为学校和国家选拔人才提供了有利的条件，"互联网＋评价"能够全面实施教学质量监控体系运行。

3. 教学真正能够实现自主化、个性化

在"互联网＋"技术条件下，互联网上提供的学习资源丰富多彩，学生可以对教材、教师、学习材料等进行多样选择，可以根据自己的学习实际找到符合自己的最佳学习方式和进度，有利于真正落实主体性教育思想。通过网上教与学的互动，学生自主学习、网上讨论、答疑等活动都极为简捷，课件随时能看，学习资源随时可下载，学生可以根据自己的情况决定学习内容的多少、知识的深浅以及学习进度的快慢，从而极大地促进了学生主体精神的培养和主体性人格的形成，推动了学生批判性、创造性思维的发展。

4. 加快终身教育的实现和学习化社会的建构

在"互联网＋"时代，由于网络技术的发展，使用网络不再受时间、地点的限制，人们只要手机在身，随时随地可以学习。传统的网络发展由于大型化、固定化，使用时受到一定条件和地点的限制，人们总是围着网络转；在今天的"互联网＋"时代，平板电脑等通信工具的微型化，使得人们与互联网形影相随，出现了"网络围着人转"的现象。人们随时可以学习，可以接受教育。随着"互联网＋教育"的发展，一个全民皆学的学习化社会将会出现。

三、技术创新支持"互联网＋教育"

（一）"互联网＋"的内涵与核心特征

技术哲学的研究对于技术本质的认识存有争议，存在着"技术不是物"和"技术就是物"这两种相左的观点。技术构成要素包括实体要素、智能要素和工艺要素。实体要素指的是工具、机器、设备等物质实体，智能要素指的是知识、经验、技能等，工艺要素指的是智能要素和物质实体结合的方式和运作的状态。由此可见，技术的本质不仅是工具，还包括使用主体关于技术的认知以及使用技术的工艺，这才是完整的对技术本质的认识。对于技术本质的这一认识有助于我们认识互联网的本质。技术不仅展示了人对自然的能动关系，也是人类社会生活关系形成、存在、发展的根本力量和度量尺度，技术是各种社会关系的体现。

"互联网＋"的实质是关系及其智能连接方式，是对互联网技术要素中智能要素和工艺要素的重新认识与界定。"互联网＋"在注重互联网技术支撑作用的同时，更注重协作、开放、跨界等互联网思维在传统行业改革中的作用，是把互联网作为创新要素纳入传统行业的改革。简单地说，就是以互联网为基础设施和创新要素，促进信息通信技术与各行各业进行跨界融合。这不是两者的简单相加，而是创造传统行业新的发展业态。

"互联网＋"具有四个核心特征：一是新的技术、先进的基础设施，云、网、端一体化的数字化、智能基础设施，云计算、移动互联网、物联网以及 3D 打印、智能可穿戴技术等设备及工具为创新和发展提供了支撑；二是新的生产要素，数据与信息资源已成为各行业核心的资产，大数据的涌现不仅改变着人们的生活与工作方式、企业的运作模式，甚至还引起科学研究模式的根本性改变；三是新的社会空间，以互联网为基础，利用信息通信技术（ICT）与各领域、多维度的跨界融合，形成了互联互通的社会网络关系，虚拟世界与现实世界的边界越来越模糊；四是新的业态体系，在互联网的影响下新体制、新机制、新分工正在形成，随着电子信息技术和网络媒介的快速发展，信息的创造、复制和传播都在提速，使事物外爆的同时也在加速内爆。

（二）技术支持下的创新学习

教育技术的使命是引领和推动技术驱动的教育变革。教育技术所具有的三项职能为人才培养、科学研究和社会服务。教育的根本目的是培养服务于社会的人才。随着社会的发展和技术的进步，无论是专业人才的培养还是学术人才的培养，都应该顺应时代潮流，符合教育改革的方向，故人才培养的新模式应面向教育改革的实际问题。在"互联网＋"时代下，"互联网＋教育"的服务模式将成为今后研究的主题。技术与教育相结合，以便更好地实现终身学习的理念，也就是所有人都能享受优质教育和终身学习，建设公正、和平和可持续发展的社会。

大数据时代下，智慧校园为师生提供各种便利，学校的管理系统所提供的服务也越来越智能化。移动互联网时代校园服务模式应体现以人为本、阳光透明、扁平简约、智慧物联、全时空、数据财富和信息安全的现代理念。在校园服务模式方面，以计算机应用为基础，通过不断创新，使学校的管理系统越来越智能化，校园后勤管理模式越来越简单化。

（三）信息技术与教育的深度融合

从信息技术与教育的整合到信息技术与教育的深度融合，其中的变化表明信息技术的发展带动着教育教学的变革。精品数字课程的建设、共建共享平台的搭建以及优质资源的开发和利用等有效推进了信息技术与课程的深度融合。

信息化课程的特点是课程与信息技术深度融合。信息化课程建设的理念是以学生为中心、以能力为重点和关注学习过程。信息化课程建设的重点是实现三个转化：将教材转化为支持学习的数字化资源，将学习内容转化为学习过程和学习活动，将结果性（终结性）评价转化为发展性评价。信息化课程设计的关注点是平台、内容和活动。

信息技术与教育深度融合是一场全面、深刻的教育创新和变革。信息技术不仅改变了教学活动的实施方式，而且对教学方法、教学工具以及教学内容等也产生了巨大的影响。信息技术推动了教育模式和学习环境的发展，引导教育创新的方向。信息技术与教育深度融合已经成为教育发展的趋势，对于快速发展的中国而言，既是难得的机遇，也是巨大的挑战。从宏观层面来看，要实现信息技术与当代教育的深度融合，必须站在全局战略高度，做前瞻性的规划，才有可能抓住机遇，实现我国教育跨越式发展。

第二节　大学生教育的云计算与移动化技术

一、云计算

世界已经悄然迈入"云计算"时代。云计算将在未来成为学校的主流技术，它将改变教师的教学方式和学生的学习方式，再次促进教育教学领域的革新。

"云计算"辅助教学对我国教育信息化进程发挥了很大的促进作用，学校和教师借助于"云计算"提供的社会化服务，可以降低费用，如科研经费、人力和服务器设备费用等；同时"云计算"辅助教学也降低了教师信息技术培训的成本和门槛，使学校能更加方便、更加安全地管理教育信息化建设，可以辅助每个教师轻松愉悦地创设个性化教学环境，促进学生群体智慧的发展。

（一）云计算的定义

云计算由大量计算机群落组成，通过分布式计算和虚拟化技术搭建数据中心或超级计算机，实现更加高效的数据处理以及最大范围的协作与资源共享，以免费或按需租用的方式向用户提供计算、存储等服务。

从理论上讲，云计算指的是一种全新的计算模式，它依靠的不是个人电脑，也不是独立的服务器，而是一种用户无须关心其内部结构的"云"。云中的资源可以无限扩展和随时获取。云计算的最终目标是将计算作为一种公共设施提供给用户，让人们能够像使用水、电那样使用计算资源。

简单来讲，云计算主要包含两个层面的概念——云平台和云服务，云平台是指基于硬件的服务，提供计算、网络和存储能力，Google APP Engine（GAE）就是一个典型的云平台；而云服务则是指基于底层的基础设施向用户提供的可以弹性扩展的服务。

（二）云计算的特征

云计算主要有以下特征。

1. 超大规模

大多数云计算中心都具有相当大的规模，比如 Google 云计算中心已经拥有几百万台服务器，而 IBM、亚马逊、微软等企业所掌控的云计算中心规模也毫不逊色。云计算中心通过整合和管理数量庞大的计算机集群，赋予用户前所未有的计算和存储能力。

2. 较高的可靠性

云计算采用分布式数据中心将数据备份到不同地点相互隔离的数据库主机中，这不仅有利于数据恢复，也使网络病毒和黑客攻击变得盲目，大大提高了系统的安全性和容灾能力。

3. 可应付过大的访问量

在日常的网络应用服务中，许多资源网站的访问量都有可能遇到突发性的增长。在云计算环境下，利用云存储的服务器集群和虚拟化技术，临时调用计算和存储资源，分配给服务器和存储子模块，可以很好地解决因访问量过大而导致的网站无法访问或服务器崩溃等问题。

4. 硬件可作为一种服务提供给用户使用

云计算对硬件资源进行整合并虚拟化处理后提供给用户使用既提高了资源的利用率，扩大了资源的共享范围，又降低了 IT 系统维护的复杂度。

5. 按需部署

用户针对不同应用的运行及部署需要使用不同的计算能力和存储资源，云计算平台可以按照用户的请求动态部署计算和资源，这种机制保证了资源的高效利用，避免了资源浪费。

6. 高性价比

云计算通过虚拟资源池的方式管理云端所有资源，这种方式对物理资源要求比较低，通常使用廉价的 PC 即可组成云，投入成本相对较低，但获得的计算性能却可以超过大型主机。

（三）云计算辅助教学的新特征

云计算辅助教学除了拥有计算机辅助教学的特性外，还拥有独特的新特征。

1. 方便快捷性

学习者能够迅捷地使用基础设施资源，而且服务的实现机制也十分方便快捷。学习者可以轻松获得需要的资源和服务，并且不需要知道云计算的具体实现机制。云计算无处不在的优势使得学习者能够在任何时间、任何地点利用各种终端设备，比如 PC 或者 Mobile Phone 等，通过接入互联网即可访问他们所需的资源，获取他们所需的信息与服务。

2. 共享协作性

每一个参与进来的学习者都可以贡献优质资源、分享优质资源，借助此优势可以有效解决有限资源无法被充分利用的问题。云计算辅助教学"资源无限性""服务无限性"的特点支持远程协作学习和校级协作学习的实施开展，有利于我国教育信息化进程中"校校通""班班通"工程的推广。

3. 数据安全性

数据在云端，学习者不需要担心数据丢失、病毒入侵等麻烦，也不必自己去备份，学习者在客户端的每次操作结果都会实时同步到云端。云计算系统借助于规模庞大的商用计算机组成的机群为学习者提供最可靠、最安全的数据存储中心和数据处理服务，并利用多种硬件和软件冗余机制，使得维护更加专业、运行机制更加完善。

4. 应用扩展性

当前绝大多数的软硬件资源对虚拟化技术都有一定程度的支持，不同类目的信息技术资源、软硬件值拟化放在云计算平台中统一管理控制，在信息技术教学管理活动中可以很方便地使用软件、获取资源和对软硬件进行动态的扩展、升级、维护。

5. 经济高效性

对于学习者而言，云计算辅助教学大大降低了信息技术教育的资金投入。教育机构只要支付极少的维护费用（有些服务甚至是免费的）就可以享受便捷高效的云服务。云计算的基础设施往往由第三方提供，教育机构不需要为了一次性或非经常性的计算任务购置昂贵的硬件设备。

6. 低碳环保性

借助于云计算辅助教学，教育机构只需要为学习者提供配置低、能耗低的上网本，然后结合云计算辅助教学平台，学习者就可以参与到信息化教学活动中去，而这恰恰适应当今生态社会对构建低碳型教育的要求。

如今，越来越多的学校开始尝试运用云计算进行教学，云计算在教育领域试水的阶段，需要针对不同的云计算软件进行尝试和研究，从而找出最适合教育和教学的云计算工具，否则可能会适得其反。

二、教育的移动化

（一）移动教育的特点

在我国，移动教育应用已经较为广泛了，很多用户凭借现在比较先进的多媒体技术、互联网和无线通信网络，能够利用移动设备（如手机、平板电脑、PDA 等）开展交互式教学活动，进行科技教育方面的交流。它不受时空的限制，学习者能够利用散步、等车、坐地铁等零散、空余时间来自主学习，经过日积月累，达到丰富知识、提高素质的目的。目前，手机媒体已成为继报纸、广播、电视、网络媒体之后的"第五媒体"，手机媒体的便携性和可移动性是传统媒体望尘莫及的，因此以手机等移动设备为学习终端的移动教育相对于传统教育有着自己的特点。

1. 灵活性

移动通信设备的便携性和可移动性方便人们随时随地使用，这就决定了移动教育的灵活性。移动教育（网络教育、电化教育等）与传统教育相比，不受场所局限，也不受网络接入和固定网络设备的局限，人们能更好地利用零散、空余时间安排学习，拥有很大的灵活性。

2. 普及性

现在，我国的手机使用已经非常普遍。这说明，我国有一多半的人能用手机接受移动教育。此外，我国移动网络信号覆盖面几乎遍布包括西沙群岛在内的所有地区，这就为移动教育的普及打下了良好的硬件基础。

3. 个性化

移动教育个性化能够从学习内容和形式、学习方式、移动设备的选择等方面体现出来。一是教育内容和形式的个性化，能把大量的网络教育资源简单处理成移动教育资源，具有很大的选择自由度；能够根据个人情况选择不同的形式，既能定制移动教育的服务，又能选择流媒体、短消息及 WAP 信息浏览等方式获取知识。二是受教育方式的灵活性，使移动教育用户可以根据自身工作、休息时间合理安排学习计划。三是人们可以根据学习需求级别、经济条件、个人爱好等选择不同的移动设备和移动运营商。

本着"技术为核心竞争力"这一观点，之前的研究者的观念局限为移动教育仅仅是通过师生使用移动传播设备开展教学活动，这些研究者将研究方向局限在提高移动设备的技术创新性和功能完备性来改进移动教育过程，这一观点主要来源于将移动教育局限为"将电子教学材料传输到移动终端设备上"这一误区。

4. 移动性

在设计移动教育过程时，应本着"以学生为中心"这一理念，设计重点不应单一关注移动终端设备，移动教育用户的特点也应得到足够的重视。现今学者们针对移动教育的研究主要集中在移动终端的使用感知和突破时空限制的信息传播过程上。

（二）移动学习设备支持

移动学习终端是任何用于学习的通用型终端设备，目前比较流行的移动学习终端设备主要有专业学习机、智能手机、笔记本电脑、ipad 等。

1.PDA

PDA 全称为 Personal Digital Assistant，即个人数字助理。PDA 顾名思义就是辅助个人工作的数字工具。PDA 最初用于个人信息管理（Personal Information Management，PIM），以替代纸笔，帮助人们进行一些日常管理工作。PDA 主要的功能有四个：日程安排、通信录、任务安排和便笺。随着科技的发展，PDA 产品增加了通信功能。目前市场上的掌上电脑主要采用两类操作系统：一类是日趋完善的 Palm 操作系统，另一类则是微软 Win CE 系列。后者虽然起步晚，但已经打破了 Palm OS 一统天下的局面，而且由于 WinCE 授权比较广泛，现在国内大部分掌上电脑都使用 Win CE 系统，包括国内的联想、方正以及国外的 HP、COMPA Q 等公司都推出了 WinCE 掌上电脑。

2. 智能手机

智能手机的外观和操作方式与传统手机类似，不仅包含触摸屏也包含非触摸屏的数字键盘手机，还包括全尺寸键盘操作的手机。传统手机使用的是生产厂商自行开发的封闭式操作系统，所能实现的功能非常有限，不具备智能手机的扩展性。智能手机承袭了传统手机质量轻、体积小、便于携带的优点，具有丰富的网络支持功能，可以处理图像、视频、音乐等多种媒体形式，能够在全球范围内更好地实现无缝漫游。此外，智能手机具有更大的内存、更好的图像和声音还原能力，因此无论是在获取学习资源、沟通交流还是在播放多媒体文件方面都有出色表现。智能手机内置嵌入式处理器，可支持多媒体化的学习内容，并在一定程度上支持更多软件。

3. 笔记本电脑

笔记本电脑是较早出现的可供进行移动学习的终端设备，又称手提电脑或膝上型电脑，是一种小型、可携带的个人电脑，通常重 1～3 kg。其发展趋势是体积越来越小，质量越来越轻，而功能却越发强大。在便携性方面，笔记本电脑表现得比较差，而且电池使用时间也相对较短，一般在 2～3 h，需要外接电源或者备用电池，对于使用者的学习造成了一定的影响，价格也是几类终端设备中最昂贵的。不可否认，随着 Wi-Fi 在城市中的普及，笔记本电脑在接入性方面具有很大优势，不仅可以通过网线连接互联网，还可以通过内置的无线网连接互联网。此外笔记本电脑的数据处理能力是所有移动终端设备中最高的，可以支持对系统要求较高的复杂的计算机辅助学习。

（三）移动学习的关键技术

世界通信技术总的发展趋势是数字化、综合化、智能化、宽带化和个人化。新的通信方式将更便捷、更快速、更小型，功能也更强大。移动学习涉及的关键技术有无线移动通信、Internet、WAP 与 WML、蓝牙技术和语音识别软件。

第三节　大学生教育中机器人技术与应用

机器人融合了计算机、机械、电子、通信、控制、声、光、电、磁等多个学科领域的知识。在活动中，既教会学生去思考，又让学生通过动手、动脑，培养综合素质。通过亲手组装机器人系统、检测调整传感器、编制调试控制程序等工作，能够使学生的综合知识水平得到提高，使学生的动手能力、逻辑思维能力、综合应用能力、创新能力等得到全方位训练和提升，对进行学科知识渗透、培养素质全面的创新型人才具有重要的作用。机器人进课堂后学生的学习兴趣高涨、综合素质提高、创新思维活跃，这正是素质教育所追求的目标。

一、机器人教育的现状

所谓机器人教育，通常是指学习机器人的基本知识与基本技能，或利用机器人教育优化教育教学效果的理论与实践。近年来，我国的机器人教育有了很大的发展。

二、机器人教学

机器人教育作为教学内容进入高校，无论在国内还是国外，目前都处于起步阶段。从各地情况来看，较多的学校只是以课外活动，各种兴趣班、培训班的形式开展机器人教学。通常的做法是由学校购买若干套机器人器材，由信息技术课程教师或综合实践课程教师进行指导，组织学生进行机器人组装、编程的实践活动，然后参加一些相关的机器人竞赛。目前，只有极少数的地区和学校将机器人教学纳入了正规课堂教学。

三、机器人竞赛

开展各种展示和竞赛活动是普及机器人教育的一个重要途径，机器人竞赛项目的内容、规则及评分办法等的创意设计都极富创造性和挑战性。通过组织丰富多彩的青少年机器人竞赛，可以激发广大青少年对科技的兴趣，提高青少年的科学素质，并为机器人研究和开发储备人才。

四、机器人教育的意义

机器人教育是进行信息技术教育的有效载体，机器人教育旨在培养学生的创新精神和综合实践能力。随着我国基础教育信息化的发展，机器人教育正越来越被人们所关注。

研究表明，传统的学校教育是对科学达到概念性理解的主要渠道，但课外的非正式教育即课外活动对于科学知识的学习也有相当大的影响。课外活动不受教学计划、教学大纲和教育形式的限制，活动的范围比较广泛，内容也很丰富。机器人教育作为学校课外活动的载体，不仅使课外活动同时具有科学性和趣味性，而且可以培养学生的创新精神、综合实践能力和协作能力。当前，机器人教育相关的课外活动形式主要包括课外兴趣小组，以小组为单位，进行程序的编写，组装具有某种功能的机器人；各种层次和类型的机器人竞赛；等等。该类活动对于学生创新精神、创新意识与创新能力的培养有着积极的意义，通过这些活动学生可以进行计算机编程、工程设计、动手制作与技术构建，同时可以结合他们的日常观察、积累，探索解决问题的方案，发展自己的创造力。

机器人技术综合了多学科的发展成果，代表了高技术的发展前沿，机器人涉及信息技术的多个领域，它融合了多种先进技术，没有一种技术平台会比机器人具有更为强大的综合性。引入机器人教育的教学将给高校的信息技术课程增添新的活力，成为培养学生综合能力、信息素养的优秀平台。有专家认为，智能技术是信息技术领域的一个学术前沿，智能机器人的开发与应用全面涉及感测技术、通信技术、智能技术和控制技术，是进行信息技术教育的最佳载体，也是全面培养学生信息素质、提高其创新精神和综合实践能力的良好平台。

目前国内外机器人教育的品牌较多，并有不同特色。但总体而言，教学适用性强、性能价格比高的机器人教育产品仍然比较匮乏。机器人教育的功能有限及设计陈旧，易导致人们对其兴趣的衰减。为了避免这种僵化现象，就要求在现有的机器人教育产品的基础上，不断推陈出新，研究开发出各种新的产品。从技术角度上看，机器人教育应有更好的开放性和可扩展性，具有更强的交互性，良好的人机界面对机器人教育来说也很重要。同时，应当深入挖掘机器人教育的应用途径，更有效地发挥它的作用。机器人教育的深入开展，需要广大高等院校、教学研究部门的协作研究与共同努力，需要教育行政部门的重视，需要相关企业的支持。目前，中国教育技术协会信息技术教育专业委员会正在策划、组织以高校为主体的"人工智能与机器人教育"协作组织。上述工作的目的在于：一方面，在借鉴人工智能与机器人教育理念和经验的基础上，为我国高校开展人工智能与机器人教学提供可操作的教学与学习模式、教学评价方法，推进我国人工智能与机器人教育的健康发展；另一方面，探索机器人在人工智能教育中的应用问题，更好地与基础教育课程改革相结合，充分体现课程改革理念，充分发挥机器人在培养学生创新能力方面的作用。

第三章　新时代大学生教育体系的构建

第一节　高校专业、课程建设与管理

一、专业建设研究与进展

（一）专业、学科的概念与内涵

1. 专业的概念与内涵

专业的历史沿革最早可追溯到大学的萌芽阶段。春秋时期我国的孔子设立私学，其教学就有德行、言语、文学的分类，可看作专业教育的先祖。在古希腊，智者派创设了文法、修辞和辩证法，柏拉图等人又提出了算术、几何、天文学和音乐等科。

专业是高校培养人才的基本单位。它能够通过专门教育和训练，促进学生获得较高的专门知识与能力，以便为社会提供专业而有效的服务。专业是按照社会对不同领域和岗位的专门人才的需要来设置的。学科知识是构成专业的原料，不同领域的专门人才需要什么样的知识结构，专业就通过对相关的学科知识进行切块、组织来形成课程及一定的课程组合的方式来满足。专业以学科为依托，有时某个专业需要若干个学科支撑，有时某个学科又下设若干个专业。一个专业是由适用于其需要的若干学科中的部分内容构成，而不是由若干学科中的所有内容构成。

2. 学科的概念与内涵

学科从学术分类和教学分类两方面有不同的解释。

（1）学术分类方面

学科是指一定科学领域或一门科学的分支，如物理学、生物学、教育学等。

（2）教学分类方面

学科是学校教学内容的基本单位，指为培养人才而设立的教学科目。通常意义上所讲的学科是指高等学校或科研机构为培养高级人才而设立的教学科目。大学是传授高深学问的场所，而各种不同的"学问"则以学科的形式出现，学科理所当然地成为承担大学职能的基本单元。在此，我们把大学学科定义为：大学学科是以知识分类为基础，以高深专门知识为学术活动的对象，承担大学职能的基本单元。

（二）学科建设与专业建设

1. 学科建设和专业建设的内容

第一，学科建设的构成要素主要有学科带头人、学科梯队、科研课题、研究仪器设备、学科建设管理人员等；学科建设主要是学术梯队建设、研究设施建设、确定研究方向、争取研究项目，形成科学、合理的学科管理制度等，目标是取得更高水平的研究成果。学科建设的作用表现在五方面：

其一，学科水平决定一所大学的水平，是高校办学水平和综合实力最主要的体现。

其二，学科是人才吸引的强磁场，人才培养的沃土。

其三，学科对人的发展起着定向和规范的作用。

其四，学科建设是构筑高校核心竞争力的必由之路。

其五，学科建设是大学发展的平台，是大学人才培养、科学研究和社会服务三大社会功能的基础。

第二，专业建设的构成要素主要有教师、课程、教材、实验与教学管理人员等。专业建设主要是专业培养目标与培养方案的制订、专业教学手段与教学方法的改进、人才培养模式的改革、课程开发、教材建设、实验室与实习基地建设等。高等学校专业的划分是以学科分类为基础，与社会职业分工相适应的。专业建设的作用表现在三方面：

其一，专业水平反映了学校本科人才培养的水平。

其二，专业是学校培养学生传授技能的平台，反映学校学科水平。

其三，专业建设是提高学生就业综合竞争力的重要途径。

2. 学科建设和专业建设的关系

高校进行学科建设必须搞清楚学科建设与专业建设的关系。原因之一是历来非研究型大学不重视学科建设，或对学科建设认识不清；原因之二是这些院校大部分学科的科学研究基础非常薄弱；原因之三是学科建设与专业建设的关系问题在实践中凸显出来的时间不长。学科的划分遵循知识体系自身的逻辑，学科是相对稳定的知识体系。

学科建设是对相关学科点和学科体系的科学规划和重点建设，从而形成和提升人才培养与科学研究的综合实力。学科建设与专业建设密不可分，学科建设是基础，学科建设的成果可以作为专业建设的原料，但也可以有非专业建设的用途，可以直接为当地生产建设所用；专业建设是成果，中间通过课程这一桥梁来连接。市场对人才规格的要求的变化引起专业的调整，也是促进学科建设的动力之一。

（三）专业设置、调整优化与建设进展

专业设置是高等教育部门根据科学分工和产业结构的需要所设置的学科门类，是人才培养规格的一个重要标志和体现，高校学科专业结构调整和优化是高等教育支撑国家发展战略的迫切需要。

第一，以社会需求为导向，合理设置学科专业，要从国家经济社会发展对人才的实际需求出发，加大专业结构调整力度，根据科学技术发展的特点，紧密结合我国高等教育实际，研究建立适应国家经济与社会发展需要的本科专业设置和调整制度，制定指导性专业规范。

第二，要根据国家对各专业建设的要求，在进一步拓宽专业口径的基础上，大力倡导在高年级灵活设置专业方向。

第三，构建专业设置预测机制，定期发布各类专业人才的规模变化和供求情况，引导高等学校及时设置、调整专业和专业方向，为高校优化专业布局和调整人才培养结构提供指导；研究建立人才需求的监测预报制度，定期发布高等教育人才培养与经济社会需求状况，加强与社会用人单位的联系，培养满足国家经济社会需要的各种专门人才。

第四，大力加强本科专业建设，按照优势突出、特色鲜明、新兴交叉、社会急需的原则，引导各级各类高等学校发挥自身优势，大力培育优势明显、特色鲜明的本科专业，加大建设力度，逐步形成专业品牌和特色。

第五，积极探索专业评估制度改革，重点推进工程技术、医学等领域的专业认证试点工作，逐步建立适应职业制度需要的专业认证体系。

第六，设置新的本科专业，要进行科学论证，严格履行必要程序，充分考虑职业岗位和人才需求，要有成熟的学科支撑，符合学校的办学目标和办学定位，拥有相配套的师资条件、教学条件和图书资料等，并投入必需的开办经费，加强对新设置专业的建设和管理。

二、课程建设研究与进展

课程是最基本的教学元素，是学生接触最直接、受益最全面的教学单元。通过课程的学习，学生不仅获得知识和技能，同时形成特定的人格。课程的质量直接影响着人才培养的质量。在专业建设、师资队伍建设、实验室建设和课程建设等教学基本建设中，课程建设处于核心地位。课程建设作为高等院校教学建设中的基础性建设，是一个动态的、系统的管理过程。包括教学大纲、教学方案、教材及教学条件等传授知识的载体与条件，教学文件、教学环节、教学管理状态等传授知识的教学工作状态，以及师资队伍等知识的传授者。高校的课程建设可概括为：以师资队伍建设为中心，以教学材料建设为依据，以教学

设备建设为保证，以改革教学体系和内容为关键，以教学方法和教学管理科学化为手段，以全面提高教学质量为目的的一项系统工程。课程建设的任务是根据现有条件和课程现状，逐步完善课程的各相关要素，强化知识传授和能力培养系统。课程建设将相应地促进师资、教材、条件、管理、手段和方法的改革。

作为学校教学建设的核心内容，课程建设目标的实现主要体现在能否建设一支高水平的师资队伍，能否培育出高素质的创新型人才，能否创造出高水平的教学和科研成果，以及是否有与课程建设相配套的高效、科学的教学管理体制和激励机制等。课程建设的质量高低对于建立学生合理的知识结构、能力结构和创新精神具有十分重要的意义。

第二节　高校教育质量监控管理体系

学校开展的各项教学活动是教学质量的一种动态体现，是学生在教师的引导下，系统学习科学文化基础知识和基本技能，确立科学的世界观、人生观和道德观，发展智力和体力，提高学生全面素质的过程。因此对整个教学过程实施质量监控，确保教学过程各个环节的有效运转，真正做到按教学自身发展的规律组织教学，运用科学的方法管理教学，调动全体师生在教与学当中的积极性、创造性，实现教学管理科学化、民主化、现代化是非常重要的。应通过监控体系的建立与实施，不断提高高等学校的教育教学质量。

一、我国高等教育质量保障体系的发展历程

教学质量保障体系是指学校以提高和保证教学质量为目标，运用系统方法，依靠必要的组织结构，把学校各部门、各环节与教学质量有关的质量管理活动组织起来，将教学和信息反馈过程中影响教学质量的一切因素控制起来，形成有明确任务、职责、权限，相互协调、相互促进的教学质量管理的有机整体。

高等教育质量保障体系随着评估内容的调整发生了新的变化，如在质量保障的主体方面，已由过去单一的政府主导变成了自我评估，由过去的政府直接参与学校管理变成了政府只起宏观调控的服务作用，同时积极鼓励社会团体等中介机构参与、监督学校的教学质量评估，充分调动了高校的自主性、积极性。保障的主体变得多元化，即实行了政府宏观调控、社会参与监督、学校自主管理的保障模式。评价标准方面，由过去注重学术、学历的单一标准向现在注重实用的多元标准转变；评价手段转向全面，如采用了课堂评估、学校领导听课，同行评估，学生评估，教学督导评估等手段，以全面提高高校的教育教学质量。

二、重构教学质量监控的过程管理体系

在新时期，深入贯彻《国家中长期教育改革和发展规划纲要》，再造合理、完善的教学质量监控体系是全面提高教学质量的必然要求，是依法治理学校的良好体现，关系到学校发展的各个环节，是一项庞大的系统工程，也是学校改革与发展的一项艰巨任务。高等学校教学质量的主要影响因素分硬件与软件两方面，硬件方面主要是教学设施条件，软件方面有生源质量、教师的教学水平、学生的学习水平、校风、教学管理水平等。其中教学质量管理在学校现有办学条件下起着非常重要的作用，其重点是对教学的全过程进行有效的教学质量监控。在新形势下，采取一系列措施再造与重构教学质量监控过程管理体系并付诸实践，对于全面提高教学质量起着关键的作用。

（一）指导思想与基本原则

1. 指导思想

坚持以教学质量为生命线和以学生为本的指导思想，重视教学各环节的教学质量，使教学质量监控与保障体系运行始终围绕高素质创新人才的培养。

2. 基本原则

（1）目标原则

教学质量监控与保障的目的是保证完成教学任务，实现培养目标。其任务就是发现偏离于计划目标的误差，并采取有效的措施纠正发生的偏差，从而确保教学任务与培养目标的实现。

（2）全员性原则

教学质量离不开全体师生员工的共同努力，人人都是质量监控与保障系统中的一员，其中学生是主体，教师是主导，系（部）、教研室是基础，职能部门是核心，院系领导是保证。

（3）系统性原则

教学质量涉及教师、学生、教学设施等多方面，同时与学院办学定位、培养目标和管理等密切相关，是一个系统共同作用的结果。由学院、职能部门、系（部）、教研室和学生班级等构成的一个多层次、纵横交叉的网络，是一个完整的教学管理系统。

（4）全程性原则

教学质量主要是在教学实施过程中形成的，质量监控与保障系统应能对教学的全过程进行监控，要做到事先监控准备过程，事中监控实施过程，事后监控整改过程。

（二）目标与保障措施

1. 目标

构建教学监控与保障体系，重点是建立和完善科学、合理、易于操作的评估高校本科教育教学管理研究与进展指标体系和相应的奖惩制度。通过教学质量的动态管理，促进学院合理、高效地利用各种资源，保证教学工作的正常运行，全面提升学院教学质量。

2. 保障措施

（1）组织保障

确保教学质量保障与监控体系的正常运行，充分发挥全员性原则，建立校院两级组织机构，形成"专兼并举，主辅结合"的管理队伍，形成管理合力。

（2）制度保障

使各项教学管理工作制度化、科学化、规范化和现代化，保证教学工作有序进行与教学质量不断提高，系统地建立一套较为完整的管理规范体系，使整个教学活动有章可循、规范有序。

（3）经费保障

促进教学质量不断提高，在教学设施建设、专业建设、课程建设、师资队伍激励等方面按照建设与发展要求，给予经费支持。

（三）教学质量监控与保障体系的构成

教学质量监控与保障体系由教学质量决策、教学质量监控、教学质量实施、教学质量信息收集、教学质量信息反馈五个子系统组成。它是一个逐层向下监控、逐层向上负责的"责权合一"的质量管理系统。本科教学工作的组织、安排责任在学校及各相关学院，教学环节的设计与实施的责任在教师。

（四）教学质量监控与保障体系各子系统的功能

1. 教学质量决策系统

教学质量决策系统由主管教学校长负责的教育教学建设委员会组成。通过教育教学建设委员会等组织开展教学决策活动，负责对教学工作进行宏观指导与管理，审定各教学环节的质量标准，协助协调各院（系）、职能部门按照学校的发展定位、办学理念和人才培养目标，制订本科教育教学改革与发展规划和条件建设计划。

2. 教学质量监控系统

教学质量监控系统由学院（系）党政一把手负责的院级领导小组组成。通过制定一系列规章制度，激励广大教师开展教学工作，负责组织学院(系)教育教学建设委员会委员、教学督导专家、管理人员及学院（系）聘请的其他人员，对教学工作各个环节进行质量巡查，开展本科教学工作状态监控，实施质量评估。

3. 教学质量实施系统

教学质量实施系统由教学副院长（主任）负责的教学质量保证系统组成，负责落实学院（系）教学工作的中心地位、落实授课教师教学任务、推进教学内容与课程体系改革、做好专业、课程、教材、现代化教学手段建设等工作；配合学院（系）完成对各教学环节教学工作的状态监控和质量评估。

4. 教学质量信息收集系统

由院（部、系）教学副院长（主任）负责的教学质量信息收集系统，包括教师评学、学生评教。通过各种方式、广泛收集各级各类人员和学生对教师课堂教学效果的评价意见；对教风学风建设、教学改革的有关建议；对实践教学环节，尤其是对毕业论文（设计）的意见和建议等。汇总、处理各类意见和建议，及时反馈给相关学院、授课教师、学生班级和学生管理部门等。

5. 教学质量信息反馈系统

由院（部、系）教学副院长（主任）负责反馈教学状态及质量测评结果，信息及时到位，问题、责任到人，发现问题限期整改。对于通过教学检查、质量抽查或其他渠道获取的教学信息，通过文件、报告、简报或校内媒体等方式及时发布给有关教学单位和部门，要召开教学信息反馈会，敦促教学问题尽快解决。

（五）教学质量监控的主要环节及实施要点

1. 专业建设

专业建设的主要监控点为人才培养目标，人才培养方案的制订、执行与调整，专业办学水平与特色，课程体系建设等方面。

2. 课程建设

课程建设的质量监控主要从建设目标、实施计划、课程师资梯队、特色创建、改革成效等方面进行评价。

3. 教学大纲的实施

教学大纲是进行教学管理、教师组织教学的主要依据。对教学计划、教学大纲实施情况的监控主要从课程安排情况、教学计划落实情况、实验课开设情况、实践环节的落实情况、教学大纲编写、教材选用、学生考试情况等方面进行评价。

4.课堂教学

课堂教学是教学质量的核心环节。主要从课前准备、教学过程、课外作业与辅导、成绩考评等方面实施监控，包括备课是否充分、教案是否完整、教材是否恰当；讲授是否清晰、概念是否准确、内容是否更新、重点是否突出、是否启发思维、是否因材施教；课后作业与辅导是否到位；学生课程学习成绩考核是否科学、合理等。

5.教材质量

对教材质量的监控主要从教材水平、使用效果等方面进行评价。

6.实践教学

实践教学监控主要考核创新科研实验平台的内容与体系改革，实践计划、执行及效果。

7.毕业设计（论文）

毕业设计（论文）监控主要从选题性质、难度、分量，开题、中期、答辩、综合训练度、指导教师资格与水平及精力投入，学生学习态度、实际能力、设计（论文）质量、规范度、基础理论与专业知识、学术水平等方面进行评价。

8.教学效果

教学效果监控主要从讲授质量、教学方法运用、教学手段的使用，教书育人、因材施教、学生学习课程知识的情况，考核试题与评阅质量等方面进行过程监测和事后评价。

9.教学改革

教学改革一方面着重于教学管理、教学内容与课程体系、人才培养模式、实践教学、文化素质教育等方面的改革成效；另一方面侧重于教学内容的改革、教学方法与手段的创新、多媒体课件的开发，争取教改项目的积极性、推出教研成果、编写并出版高质量的教材或教学参考书等方面。

三、高校教学督导现状及其队伍建设

教学质量是学校的生命线，加强教学管理，建立行之有效的评价与约束机制，构建合理的教学质量监控与保障体系，成为高校十分关注与亟待解决的重要工作，教学督导体制作为教学质量监控体系的重要子系统，也成为教学管理改革与发展的必然趋势。

教学督导是高校对教学质量监督、控制、评估、指导等一系列活动的总称，目前主要的工作方式是通过对教学活动全过程和教学管理进行检查、监督，掌握情况，总结经验，发现问题并及时分析指导，从而保证教学质量的提高。

（一）构建健全的督导制度体系

1. 确定合理的督导模式

随着新一轮普通高等学校本科教学工作合格评估的开展，学校应以促进教学质量的提高为重心，以发现问题为前提，以改革教学环节为途径，重新定位教学督导工作，重构与本科教学合格评估相结合的校、院二级督导管理机构，在二级学院成立院级督导小组，教学督导工作重心下移，进一步强化各学院的自我质量监控功能，充分调动二级学院的积极性，发挥各学科专家在各自专业方面的优势，使督导工作更有针对性与实效性。

2. 健全教学督导体系

进一步明确督导人员的责、权、利，提高教学督导在质量监控体系中的地位和作用，强化其督导功能。

（二）督导与服务相"融合"

"导"是教学工作的重点内容，"督"是为了更有效地"导"，以"督"为辅，以"导"为主，两者相融合才能使"导"具体到位，"督"得到延伸和落实。督导人员要通过对教师工作的"督"，了解和掌握其不足，帮助他们解决教学中出现的问题，改革教学方法与手段，提高教学技能；督导人员要挖掘教师的潜能，帮助他们总结经验，养成个性化的教学风格。同时，校院两级管理部门要定期组织召开督导工作会议，听取建议，梳理信息，解决督导中存在的问题，帮助督导人员提高工作效率与督导水平，以便更好地服务教学工作。

（三）构建"三督一体"督导内容体系

教学督导的内容包括督教、督学和督管三个主要环节。督教是对教学环节的监督检查，大部分地方高校较重视督教，而督学和督管工作未得到体现。督学是对学生学习活动过程的检查与指导，学生是体现学校教学质量的载体，是教学督导的重要对象。督学的内容包括学生"三观"、思想政治觉悟、学习自觉性等德智体多方面；通过督学促进学生自我控制、自我管理，提高学生综合素质。督管是对教学管理人员的检查指导，一方面，学校要对教学管理人员的工作进行检查评议，保证教学管理部门最大限度地履行其教学管理职责；另一方面，学校要对教学管理人员进行系统的教学管理知识培训，提高教学管理素养和能力。可见，只有构建"三督一体"的督导内容体系，才能真正全面、高效地发挥教学督导的作用。

（四）加强督导队伍的专业化建设

我国历来重视督导人员的整体素质，督导人员精通教育理论、教育管理与教学实践。建立一支专兼职相结合，专业、年龄结构合理，素质良好的督导队伍是高等教育教学改革与发展的需要，也是高校提高教学质量的必然要求。高校要加强督导队伍的专业化建设，加强督导队伍的专业结构优化，要求督导人员具有专业知识、专业技能和职业道德；建立有效的教学督导人员培训机制；明确其职责与职权；加强其理论与技术研究，提高督导工作水平。

综上所述，教学督导作为一项保证教学质量的有效手段，在教育决策的制定、教学管理的规范和教学质量的提升等方面发挥了积极的作用。高校的教学督导系统能否顺利构建及优质运行，其关键取决于是否具备一支高素质的督导队伍。

四、普通高等学校本科教学评估对质量保障与监控的考察

（一）本科教学工作水平评估考察要点

本科教学工作水平评估对质量监控的考察包括三个主要观测点，分别从教学规章制度的建设与执行、各主要教学环节的质量标准和教学质量监控三方面进行考察，质量监控为重要指标。

（二）"教学规章制度的建设与执行"考察要点

学校教学规章制度的建设和教学管理文件要完善，学校文件要体现先进的教学思想，积极采用先进的管理技术，采取措施确保各项规章制度的执行。

（三）"各主要教学环节的质量标准"考察要点

学校要制订各个环节的质量标准，没有质量标准就无法评价各教学环节的质量，教学质量是多层面、多样化的。主要教学环节包括理论教学、实践教学（实验、实习、社会实践、课程设计、毕业论文或设计等）。质量标准是为达到目标、水平和要求而制订的规范性文件。标准应具有目的性、规范性、可操作性。质量标准要符合学校的定位、人才培养目标和规格。课程建设、专业建设也都应有相应的质量标准，教师的教学工作也应有相应的工作规范。考核时除要求提供一系列质量标准文件外，还要考核标准的执行情况。

（四）"教学质量监控"考察要点

建立自我完善、自我约束的教学质量（含实践教学）监控与保障体系是教学质量控制

的重要保证。教学质量监控与保障体系包括六个环节，一是要确定目标，二是要建立各个教学环节的质量标准，三是信息与收集（包括统计、检测），四是评估（建立学校评估机制），五是信息的反馈（收集的信息要反馈），六是调控。这几个环节构成教学质量监控体系。

尤其是毕业设计（论文）环节的规章制度，包括毕业设计（论文）所要达到的教学目的、选题原则、指导教师的资格等，要体现不同专业特点的质量标准、评分标准、答辩成绩等。

考察内容：教学检查与评估的材料，教学督导、领导干部听课制度、听课记录，每年有关教学通报及处分决定等。

（五）本科教学工作合格评估考察要点

1."规章制度"考察要点

规章制度重点考察教学管理文件的完备性，教学基本文件（教学计划、教学大纲、学期进程计划、教学日历、课程等）制定的科学性，教学管理流程的清晰性，教学运行的有序性，执行制度的严格性和有效性。

2."质量控制"考察要点

质量控制主要考察教学质量监控体系的六个环节：①培养目标的确定；②各个教学环节的质量标准的建立；③教学信息的收集（包括统计、检测）；④学校自我评估制度的建立；⑤信息的反馈（收集的信息要反馈）；⑥调控。重点考察教学质量监控的组织机构、队伍构成、监控措施，信息处理和反馈通道，考察中可以查阅教学检查原始资料及学校本科教学年度质量报告等。

（六）本科教学工作审核评估考察要点

1."教学质量保障体系"考察要点

该部分包含四个审核要点，建设时应注重确定人才培养目标和质量标准，有相应人、财、物条件的保障，有组织保障机构，有效开展自我评估和质量监控，及时收集教学信息，及时反馈信息，调节改进工作，考察时一是要关注学校是否建立了科学合理的各专业人才培养方案，是否建立了理论教学、实验教学、实习实训、毕业设计、考核等各主要教学环节的质量标准。二是要关注学校是否有质量保障的组织机构，是否有满足要求的质量管理队伍。三是要关注学校是否建立了完善的教学管理制度，并有效落实。

2."质量监控"考察要点

质量监控是质量保障体系最重要的内容之一，考察时要关注学校是否建立了完善的教学质量管理制度和教学质量监控机制，对主要教学环节的教学质量实施了有效监控；是否建立了一支高水平的教学督导队伍，对日常教学工作进行检查、监督和指导；是否建立了完善的评教、评学制度；是否定期围绕人才培养工作开展自我评估，包括课程评估、专业评估和学校二级学院（系）评估等，特别是教师和学生对教学工作的评价，注重学生学习效果和教学资源使用效率的评价，注重用人单位对人才培养质量的评价。让二级院系和每位教师知道制度，充分发挥制度的作用。建立激励机制以调动广大教师内在的教书育人的积极性，在规范制度建设与实施的基础上，重点关注激励制度的建设与实施。

3."质量信息及利用"考察要点

质量信息及利用包括三个考察要点：校内教学基本状态数据库建设情况，质量信息统计、分析、反馈机制，质量信息公开及年度质量报告。质量信息的统计、分析与反馈是质量保障体系有效运行的重要保证。该要素重点考察学校校内教学基本状态数据库的建立，教学状态信息定期更新情况；常态监控信息和自我评估信息的统计分析，分析结果反馈和工作改进情况。

4."质量改进"考察要点

质量改进含两个考察要点：质量改进的途径与方法和质量改进的效果与评价，质量改进是针对目前教学质量存在的主要问题、薄弱环节和未来可能出现的问题，采取有效的措施纠正与预防，实现持续改进质量的目的，质量改进是教学质量保障体系的重要环节。重点考察学校是否有负责质量监控的组织机构，推动改进工作；是否有经费和政策保障质量；是否有推进质量改进的途径和有效方法，使改进工作得以落实，使质量保障体系能够完整有效地运行，形成质量保障的长效机制。

第四章　新时代大学生教育模式变革

第一节　高校新型课堂教学模式的分析与实践

当前高校的课程改革往往是根据社会的需求，设置相应的教学目标，对不同的人才进行相应的培养，并且设置不同的毕业要求。根据相关专业的毕业要求，可以更加注重毕业生的组织管理、表达沟通、社会合作等能力，这些能力可以体现在课程中，同时也具有很强的实践性。新型课堂教学模式的改革，可以更好地服务于高校人才的培养目标，充分发挥大学生的认知主体作用。

一、新型教学模式的意义和传统模式的转变

（一）新型教学模式的意义

新型教学模式的构建需要相应的观念作为一个指引，它具有一定的稳定性和规范性。这种教学模式，转变了传统的教学模式，不再以教师为中心进行开展，而是要把学生放在中心的位置，教师进行相应的指导工作，发挥学生的认知主体作用。

（二）转变传统教学理念

1.转变传统的教学理念树立新的理念

新型的教学模式最终目标就是要让学生有全面的提高。教师为主导的新型的课堂教学理念，不断地拓展课堂教学的模式，很好地培养了学生的创新思维、个性和终身学习的能力，实现其可持续发展。

2.转变灌输的方式对学生进行方法指导

新型的课堂教学模式转变了教师传统的教学方法，把重心放在了学生的学习能力培养

上，让学生自己掌握学习的方法。教师要更加善于讲解，对疑难问题进行点拨，构建学习情境，引导学生在已有的学习资源中发现和提出问题，讨论和发表自己独特的见解，增强学生的创造性思维和创新能力。

二、高校新型课堂教学模式的实现方法

（一）突出课堂改革的重要性认知

教师想要提高教学的有效性，就需要更加注重对课堂功能等方面的认知，同时也要积极转变学生的学习观念。在具体的课程中，注重和学生的互动，让学生了解到学习的目的和内容，增强对知识点的理解。还要组织学生进行资料的收集，学会分析和整理，将一些重难点的地方交给学生进行讨论和解决。

（二）营造良好的课堂氛围

想要更好地进行课程的改革，需要有一定的硬件配置，如网络化教室等不同类型的专门让学生学习的地方，加上一些比较实用的设置等，这就需要相关人员加快数字化学习平台的构建，构成相应的网络课程、案例库和其他一些教学的资源，划分相应的费用，让教师来研究和解决一些改革中出现的问题。并设置相关的奖励机制，突出教师在改革中的重要作用，并鼓励教师对相应的模式进行改革，给他们一些必要的奖励。

（三）转变课堂评价的内容

课堂教学的评价可以在很大程度上体现教师的教学水平，学校需要寻找有效的评价方法，让教师工作更加规范，提高教学有效性，促进改革。虽然很多学校都在进行课程的改革，而且都是打着以学生为中心的旗号，不过很多高校在课程教学内容上还是没有转变，只是停留在教学水平这部分，没有将学生放在一个很重要的地方，没有办法落实学生主体地位这个目标，同时也没有办法体现这种教学方法的效果。

当前的高校大部分以大班的教学活动作为主要模式，很多学生只能间接进行课堂讨论活动。如果教师可以更好地构思课堂的教学活动，整合教材的内容，提出有启发性的问题，对学生主动提出的问题进行引导，进行科学评价，巧妙设置相关的命题，加强双方的沟通，那么就可以在很大程度上实现小班化的教学效果。

第二节　翻转课堂模式下的高校教育信息化

当今时代，信息技术的迅猛发展把高校教育信息化推向了改革和发展的风口浪尖，促进信息技术与课堂教学深度融合是我国教育信息化改革的重点。翻转课堂作为信息迅猛发展和高度共享时代的全新教育模式和学习模式，在一定程度上实践了信息技术与教育教学的高度融合。信息化的教学环境、丰富的课堂教学资源、师生信息素养的提高等是高校教育信息化提升的策略，是推进高校教育信息化的必要途径。

近年来，信息化和大数据技术的飞速发展，极大地影响和改变了人们的生活、学习和工作模式。在教育方面，工业时代形成的教育模式和课堂体系已经难以适应信息化社会的发展，高校的教育不可避免地面临着深刻变革的挑战。提高学校信息化教学水平，是顺时应势推动教育理念变革、促进教学质量提升、培养创新型人才的必要措施。近年来基于慕课、微课的翻转课堂则顺应了教育信息化的趋势，它作为信息迅猛发展和高度共享时代的全新教育模式和学习模式，已被越来越多的高校关注并实践。

一、翻转课堂模式实践了信息技术与教育教学的融合

第一，翻转课堂是指在信息化环境中，学生通过观看课前教师上传到教学平台的学习资源，在课前基本完成知识点的学习，在课堂上减少灌输，增加互动从而对教学模式进行优化。

与传统教学模式相比，翻转课堂的这个过程并不只是简单地将知识传递和知识内化进行了时空调换。在传统的课堂教学中，基础知识的理解和记忆占用了较多的课堂时间，严重挤压了用于培养学生应用能力、分析能力和创造能力的时间。而在翻转课堂教学模式中，对于基础知识的理解和记忆，可通过课前学习教师上传的学习资源来完成，而将宝贵的课堂时间用于帮助学生对知识进行深度的挖掘和宽度的拓展，这将促使学生的学习变得更加深入。由此可见，翻转课堂教学模式构建的是一种个性化、自主性、互动性的，以学生为中心的教学模式和教育模式，它有利于培养学生的创新能力、自主学习能力以及对知识的综合应用能力等。翻转课堂作为一种新的教学模式，它以其自身的优势对传统的教育教学模式产生了巨大的冲击。

第二，信息技术与高校教学的深度融合是高校教育信息化改革的重要途径。

翻转课堂以信息化为基础，它的创始人首先利用录屏软件把演示文稿、PPT 和教师讲

解的音频组合成教学视频，然后把教学视频上传到校园网上，作为课前学习资源供学生学习，在以后的翻转课堂实践最多的是基于微课、慕课的翻转课堂。微课通常是使用录像机、数码相机、录屏软件等摄像设备拍摄和录制音视频，微课时间一般是 5 至 10 分钟左右，形式多样，具有趣味性和生动性，可移动和下载。慕课是大规模的网上在线课程。慕课、微课、翻转课堂皆是在线观看借助网络时代的信息技术来实现的教育教学新模式，它们之间的关系，曾有学者这样论述：慕课可以由多个微课组成，在教学过程中通常利用软件技术与学生互动，引导学生做练习、不断地温故知新等。翻转课堂的关键在于为学生提供课下自学的基础知识资源，这些资源可以是教师自行制作的教学视频，也可以是网络共享的微课，也可以是慕课中的教学内容。由此可知，翻转课堂可以是基于慕课、微课的翻转课堂。微课和慕课虽然不是实施翻转课堂的必要条件，但微课和慕课的确是实施翻转课堂的先决条件和重要的技术支持。翻转课堂的成功运作离不开信息平台的搭建和使用，网络信息资源的获取、加工以及教学视频的制作。另外师生信息素养与信息化教学能力的提升也是翻转课堂教学模式成功实施的关键因素之一，对于习惯于传统教学模式的教师来说，对相关软件与设备的操作仍需要进行学习，才能熟练地对翻转课堂模式进行应用。学生需要在网络环境下自主开展学习活动，在课前学习的过程中，学生要懂得查阅教师上传的音频、视频等学习资源，有时还需要自己搜集、查阅、筛选相关的资料。还要能通过网络社交软件和教师、同学在线讨论问题，完成测试练习等。这些都要求学生具备较高的信息素养。由以上论述可知，翻转课堂模式在一定程度上实践了信息技术与教育教学的高度融合，另外，在翻转课堂模式教学中，影响信息技术与高校课堂教学深度融合效果的主要因素有信息化的教学环境、课堂教学资源是否丰富、师生信息素养的高低等。

二、高校教育信息化提升策略

（一）打造网络化教学环境

高速发展的信息网络技术为高校的教学改革提供了重要的载体条件，学校要加强信息化基础设施建设，创建网络教学平台，更新资源配置，营造一个良好的信息化教学环境。如翻转课堂的实施就需要高配置服务器、高网速和高性能软件的支持，才能保障翻转课堂教学模式能够更方便地被教师和学生使用。

（二）提高师生信息化素养

1.提高教师信息化意识

利用信息化技术，促进信息技术与教学的深度融合是高校教学改革的重点，高校教育信息化的提升需要教师的具体实践，因此教师及时转变教学理念，提升信息化技能是高校教育改革的关键因素。学校应做好教育信息化宣传工作，让教师从思想上认可信息化教学。

2. 调动教师信息化教学积极性

高校信息化教学极大地增加了教师的工作量，例如以信息化为基础的翻转课堂的实施，教师要制作微视频、寻找课前学习资源、在教学平台上与学生互动等，占用教师很多的时间和精力，另外，对教师的信息技术知识水平也有较高的要求，这会使教师在实施该教学模式时产生犹豫、畏难情绪。为调动教师信息化教学的积极性，教育主管部门可以在教学工作量的计算、绩效考核、职称评聘等方面给予政策上的优惠，激发教师实施翻转课堂的积极性。

3. 通过相关培训实现提高师生信息素养

教育部门、高校，或者信息技术服务公司可定期组织在职教师参加信息技术方面的培训，如运用专业软件进行课件建设，网络教学平台的使用，网络课程的开发和应用，帮助教师熟练掌握常用文献检索系统的检索功能等，通过相关的培训，使教师掌握并熟悉教育技术基本技能。另外，高校选用的教材出版社也有必要定期为教师提供与教材相关的信息技术培训，参加培训的教师代表在培训结束后，可以安排一些时间，将培训所学到的知识分享和传达给本教研室教师，以达到共同提高信息教学技能的目的。对于学生，除了进行信息化教育这门课程的学习之外，另外还要有计划地培训学生，让他们熟悉各类教学软件的使用，了解线上学习的流程。

4. 通过参赛提高师生信息化技能

鼓励教师积极参加各种信息化教学大赛，如课件制作竞赛，微课教学竞赛等，以赛促教，教师在参赛的实际操作过程中提高自己的信息素养。同样，也可以通过组织学生参赛提高学生的信息化技能。

（三）建设与完善高校数字化教学资源库建设

数字化教学资源可以为高校师生提供丰富的教学、学习资源和服务。数字化教学资源通常有教学课件、教学案例、云教材、FLASH、微课、在线开放课程、实训系统、学习网站等若干类、若干形态。有效数字资源的供给，是实现信息化、个性化、智能化教学的重要基础，完善高校教学资源库建设，按专业分类、整合电子教材、名师资源以及各类企业优质资源，建设开放共享性的教学资源库。另外，高校教师个人在日常教学中也要注重积累，建立个人的信息资源库。

（四）构建以信息技术为载体的翻转课堂教学模式

在信息化背景下，以信息技术为依托的翻转课堂为教学模式的变革带来了新的契机。

翻转课堂模式的实施使教师的教学内容、教学模式、教学手段发生了根本性的改革，教师的教和学生的学已经超越了时空的限制，突破了传统教与学的方式，一定程度上弥补了当下高校传统课堂教学中的弊端，在一定程度上实践了信息技术与高校教育教学的融合。因此，在多个学科中适当地推行翻转课堂这种全新教学模式是高校教育信息化的必然趋势。

（五）政府层面的支持

基于微课、慕课的翻转课堂不仅需要学科前沿的专业知识和学术知识，而且还需要具备现代信息技术知识和能力，它们是与大数据相关的一种教育的系统工程。因此，需要政府从教育整体和大局出发，提供政策和资金支持，同时，要做好多方面协调工作，实现优势资源共享。

第三节 高校"微课"创新模式

"微课"以其短小精悍、目标明确、不受时间与地点约束等优势，在高校得到积极推广。对比这一新型教学模式与传统教学模式，"微课"教学模式在课程体系多元化、学生学习自主化及知识技能实践化等方面具有创新价值。在教学中，教师应充分利用微视频、拆分知识体系、串联知识点及互联网平台，使"微课"教学内容具象化、碎片化、集成化，并形成个性化的学习方式，还应当引入问题机制，形成知识与问题一体化的教学特点。

随着各类"微"事物的不断涌现，高校大学生的学习与生活环境发生了巨大改变；音频、视频、图像、文档等，逐渐成为高校教育的重要教学元素。目前，很多高校已将"微课"在教学中的应用与建设当作自身发展的重要任务，并对教师的"微课"教学创新提出了进一步要求。

一、"微课"教学模式的内涵与发展

（一）"微课"教学模式的内涵及特点

1."微课"教学模式的内涵

在大数据与网络信息技术推动下应运而生的，以视频、音频、图片、文档为传播载体，通过将整体知识结构拆分为单个知识点的方式开展的教育教学活动。

2. "微课" 教学模式的特点

"微课" 教学模式的特点为：

（1）教学时间短

"微课" 教学设计不超过 10 分钟，通常为 5～8 分钟，与传统教学模式相比，极大地缩短了教学时间。

（2）教学内容精要

每堂 "微课" 教学内容只针对一个或两个知识点，与知识结构复杂的传统教学模式相比更利于学生接纳与吸收。

（3）主题突出

"微课" 教学一般解决一个或两个问题，围绕着问题进行深入研究，由于问题来源于学生生活与学习的真实场景，因此，针对性较强，内容更加具象。

（4）课程资源容量小

"微课" 教学时间短，因此一般用于 "微课" 教学的视频或文档通常以十几 MB 为主，有利于线上教学与学习，也方便下载与保存，摆脱了时间和地点对学生自主学习的限制。

（5）自主性强

在新时代背景下，高校学生要具有较强的创新能力与自主学习意识。"微课" 教学内容精要，因此学生要在课前开展自主学习，搜集相关资料，课后进行实践。

（6）及时性强

在 "微课" 开展的过程中，能够及时看到学生的反馈及评价，教师可以根据这些反馈与评价及时调整教学内容与方式。

（二）"微课" 教学模式的发展及优势

1. "微课" 教学模式的发展

"微课" 教学形成了两种模式：一是由翻转课堂演化而来的 TED 模式，二是以免费网络视频为主的可汗学院模式。前者围绕学生课前预习及收集资料、思考指定问题等开展教学活动；后者记录、分析学习者的自主学习情况并反馈给教师，从而不断优化教学内容与教学方式，进而开展有针对性且行之有效的教学。

2. "微课" 教学模式的优势

"微课" 教学模式的优势在于能够培养学生独立思考、发现问题、解决问题及自主创新的能力。学生自发的讨论，打破了以学生为客体、教师为主体的传统教学模式；学生的积极参与拓展教学设计与教学内容，极大地提升了反馈速度。对于高等院校来说，"微课" 这一教学模式不仅是教学模式的改革与丰富，而且体现了当代高等教育以学生为主体的教育观念，促使学生成为教育主体，极大地提高了学生的学习效率。

二、新时代背景下高校人才培养"微课"创新的价值

（一）课程体系多元化

高校人才培养的目的是为国家现代化建设提供人才。随着改革开放的不断深化、经济水平的不断提升及国际地位的变化，我国对高等人才的需求也产生了相应变化。在人才培养的过程中课程体系的变革与创新尤为重要。在"微课"的辅助下，高校根据各个专业的特点构建"学科通识课＋基础专业课＋自主选修课"的课程体系，利用层次分明的课程体系促使学生全面掌握专业课知识、通识课的基本理论及学科实践方法，有利于师生开展跨专业教学活动与实践，为高校大学生的多元化发展奠定了良好的基础。

（二）学生学习自主化

目前，学生的学习积极性与自主学习能力已经成为影响教学效果的关键因素，缺乏扎实的理论知识与实践基础则难以提升学生的职场竞争力。作为在数字化、信息化时代背景下应运而生的新型教育模式，"微课"能够通过引人入胜的教学内容、新奇有趣的教学方式提升学生的关注度，能满足当代学生特别是"00 后"大学生的兴趣与需求；打破了传统教学模式在时间、地点及内容上的局限性，使师生互换角色，让学生成为课堂学习的核心，在自主预习、提出问题、积极思考的同时，提升了学生的学习与服务能力，让学生体会到学习的乐趣，有助于形成终身学习的良好习惯。

（三）知识技能实践化

以往的教育，教学资源更新慢、数量少、共享性低，教学资源难以跟上高等院校人才培养的步伐。"微课"教学模式的创新极大地提升了学习资源的共享性，不仅有利于教师整合与利用学习资源，及时改进与更新在实践层面的技术教学；而且有助于学生利用教育资源的共享性自主查找资料，根据需求提升知识水平与实践技能。

三、"微课"教学模式在高校人才培养中的创新原则与路径

（一）创新原则

1. 与高等教育要求相适应原则

在新时代背景下，"微课"的创新与实践，应当符合高等教育对学生的基本要求，重

视学生的自主学习能力和创新意识，侧重教学内容的实践与应用导向。在这一要求下，高校"微课"的创新应当以各个专业所对应的岗位需求与工作性质为着眼点。根据专业对学生的理论和实践要求，确定教学目标、教学方式及教学内容；将知识体系拆分成知识要点，使其细致化与具体化。

2. 与大学生的知识需求相适应原则

"微课"的创新应当与大学生的知识需求相适应；以学生的学习需求与兴趣为依据，开展行之有效的课程设计。一方面，根据学生的学习兴趣设计"微课"内容，并通过加强"微课"教学内容的情境化与实用性，提升高校学生学习的积极性；另一方面，关注学生个体的学习差异，"微课"教学内容应当由浅入深、循序渐进，以提升学生对知识点的接纳与吸收能力，进而提升学生的学习自信心与学习效率。

3. 与现代企业的要求相适应原则

高校教育的最终目的是将学生培养成全面发展的人，输送至各个用人单位，提升其社会竞争力。校企结合、协同培养也是现代高等教育新的发展方向。因此，"微课"的教学设计应当满足现代企业的岗位需求，内容设计与岗位实践结合，拉近学生知识储备与岗位职责要求之间的距离，从而提升"微课"教学的实践性及指导意义。

（二）创新路径

1. 利用微视频将知识内容具象化

在创新教学模式的过程中，教师可以充分利用微视频简短、有趣、互动性强的特点，营造活泼、生动的教学氛围，方便学生通过手机、电脑、平板电脑等终端设备自由地学习与回顾。微视频也有碎片化特点，难以完整地呈现课程的全部内容；因此，教师需要不断丰富教学资源和微视频的数量，以此完善教学内容。首先，教师可以将微视频分为实践型和理论型两类，其中实践型微视频以实践项目和实践训练为主，理论性微视频以系统性的知识点和课外知识拓展为主。其次，对现有的传统教学资源进行更新与现代化设计，利用互联网与计算机手段将其改编成为微视频。最后，教师也可以积极鼓励学生创作，在"微课"平台上分享自己创作的微视频，以巩固知识点，并提升学习能力与积极性。

2. 拆分知识体系将教学内容碎片化

"微课"以 5 ～ 10 分钟的视频或文档将教学内容呈现在学生面前，学生可以在网络平台上自主选择学习内容，以构建自己的知识体系；因此，不同专业的教师应当充分认识并结合"微课"教学与专业课程的特点，将相关知识内容拆分、细化为一个个小的知识单元，以突出每一节课的知识重点与学习难点，促使学生根据自己的学习需求与知识结构在短时间内实现学习目标。

3. 串联知识点将知识碎片集成化

短小精悍是"微课"教学模式的一大亮点,这一特点使学生在短时间内了解、掌握知识。每个专业的课程设置与专业知识都有其逻辑性和整体性,单一的知识单元难以实现课程教学的整体目标,这就要求教师在设计"微课"时能够从宏观出发,把握整体"微课"教学知识,将一个个分散的"微课"串联起来,做到前后呼应、融会贯通,成为一条完整的知识链。

4. 依托互联网将学习方式个性化

依托现代化的计算机与大数据技术,教师可以在优化与更新教学环境的基础上为学生打造有个性、便捷的"微课"教学课堂。一方面,教师应当在课前将与教学内容相关的视频或文档资料及问题上传至网络平台,让学生根据自己的兴趣和学习时间自主选择相关内容,进行预习。学生还可以通过网络平台随时随地与授课教师沟通与交流,以此充分整合、利用学生的零散时间;另一方面,教师可以根据学生在网络平台上的反馈、提问及学习进度及时调整教学内容,积极解答学生所提出的各类问题,从课堂的主体变为教学的引导者,以满足不同类型学生的学习要求。

5. 引入问题机制将知识点与问题一体化

教师在"微课"教学中创新的同时,应当注重课前、课中及课后的完整性。课前提出问题,让学生根据问题发散思维,上网寻找材料解答问题。学生还应当根据自己的思考与预习心得在课前向教师反映问题。课上,教师应解答学生的问题。课后教师还应当上传练习资料与实践要求,学生通过练习发现不足与问题,并积极与同伴、教师交流,尽可能地在短时间内解决问题,总结学习经验。

第五章　新时代大学生管理模式创新分析

第一节　大学生行为管理

行为是一个人的思想状态和精神面貌的外在表现。对大学生行为的必要规范和管理有助于良好校风、学风的形成，有利于青年学生优良品德和行为习惯的养成，对社会的安定与和谐、文明风尚的形成也有着重要的影响。

一、大学生行为管理概述

（一）大学生行为管理的内涵

行为管理是随着西方工业化进程加快和社会化大生产的发展，企业劳动及劳动力构成发生变化，西方国家经济危机及劳资双方矛盾加剧而出现的。以泰勒为代表的古典管理学派只把人当作"经济人"，忽视人的因素。梅奥的"社会人"假设奠定了行为科学的理论基础，以人为出发点，尊重人的因素，根据"需要引起动机，动机支配行为"这一基本原理，从人的需要、欲望、动机、目的等心理因素的视角来研究人的行为规律。行为管理理论一直被广泛应用于组织管理中，为组织目标和组织效率的实现提供了理论支持。

对大学生行为的管理与引导一向被看作是学校教育的重要组成部分。其原因主要有三方面：一是学校作为公共教育机构，一个重要的人才培养内容就是促进学生个体社会化。众多学生只有在有秩序的环境中才能正常地学习与生活。每个学生遵守公共秩序本身就是一种社会行为。二是大部分学生的自觉理性尚在形成过程中，还不能绝对理智地支配他们的行为。他们的行为往往受到欲望、情绪的驱使，还可能受到外界的诱惑与利益的驱动，从而发生越轨行为，亟须正确加以教育引导。三是学生的正当行为若不经过反复练习，便不足以促使偶然的行为表现转化为长期的行为习惯，并由此形成稳定的道德品质。

大学生行为管理是探讨和研究大学生行为过程的规律，对大学生行为目的、行为手段和行为结果进行指导、评价、矫正和控制，使之产生正确积极的行为，养成良好的行为习惯和高尚思想品德这一过程的总和。从管理主体上划分，大学生行为管理可分为学校管理和学生自主管理。从管理内容上划分，主要包括各级相关行为管理规范的制定、教育宣传与执行，学生良好行为习惯的引导与养成、学生偏差行为的矫正等方面。从大学生行为表现上划分，主要包括学习行为管理、社会实践行为管理、交往行为管理、消费行为管理、网络行为管理等方面，本章主要从以上维度进行探讨。

（二）大学生行为管理的意义

对大学生行为的有效管理有利于促进校园、社会良好风气的形成，有利于青年学生优良品德的培养，是高校德育工作的重要内容，直接关系到大学生的全面成长成才与学校乃至整个社会的和谐稳定。

1. 大学生行为管理是新形势下实现学校人才培养目标的重要手段

大学生行为管理作为大学生管理的重要内容，对学生的基本行为具有强有力的约束和指导作用，对实现高校教育管理功能具有不可替代的意义。新时期大学生行为的管理与引导，是将管理与教育紧密结合，着眼于整体教育活动的健康有序进行和良好育人氛围的形成。因此加强学生行为管理，形成科学、人本的管理秩序，直接关系到学校教育目标的实现，直接关系到学校人才培养质量，必须将其作为高校整体教育工作中的重要环节，在实际工作中重点加强、扎实推进。

2. 大学生行为管理有利于引导学生树立自觉的理性意识，是实现学生道德发展的客观需要

大学学习生活阶段是青年学生个体成长的重要阶段，也是青年大学生理性意识逐渐成熟的阶段。青年大学生在此阶段身心发展趋于成熟，但个体道德规范尚未稳固，其行为特征存在一定的盲目性和局限性，行为意识亟待引导规范。具体来说，引导学生逐步实现由"他律"向"自律"转化，需要通过管理、教育等外部规范手段来引导、帮助学生树立正确的行为规范意识。大学生行为管理正是通过不断研究学生行为的新特征、新情况、新问题，有针对性地推动管理体制和管理机制的发展，引导其树立对积极健康行为的正确认知，树立自我管理的理性意识，从而促进其自身的全面发展。

3. 大学生行为管理有利于健康和谐秩序的形成，是维护高校、社会稳定的重要保障

大学生行为管理的一项重要职责在于规范学生的日常行为，教育引导学生遵守学校纪律，促进健康和谐的校园环境与社会环境的形成。对于高校来说，通过有效的学生行为管理可以进一步促进良好教育秩序的形成，确保学校各项人才培养工作得以顺畅开展。对于社会来说，大学生最终要步入社会，他们的行为意识将会影响其今后的工作甚至整个人生阶段。重视行为管理，强化正确的行为意识，可以使其逐渐树立正确的道德规范，更好地

服务社会，发挥大学生社会精英的作用。与此同时，大学生作为特殊的社会群体，其意识、行为受到国家和社会的广泛关注，对整个社会群体的行为意识有一定的导向作用。因此，加强对大学生行为的管理和引导，对于保障高校乃至社会稳定具有重要的意义。

二、大学生学习行为管理

大学阶段，学习是学生的首要任务，大学生的学习行为直接影响自身的成长与发展。因此，加强对大学生学习行为的管理和引导，能够帮助学生培养积极的学习意识、掌握科学的学习方法、养成良好的学习习惯，为未来成长成才奠定良好的知识基础。

（一）大学生学习行为的类型与特点

大学生学习行为是指大学生在其所开展的一切和获取知识、技能等目的相关的活动中表现出来的行为。从本质来说，大学生的学习行为是对于社会和自然的一个认识过程，是从无知到有知，从知之不多到知之甚多，从对社会和自然的盲目性认识到自觉性认识的过程。

1. 大学生学习行为的基本类型

（1）按学习方式划分

①教师引导型：大学生在大学阶段的学习行为主要由教师的引导、传授获得。但是与中学课堂上教师的教育方式不同，集中的课堂专业学习已难以满足学生发展的全方位需求，教师除进行直接的知识传授外，更多地扮演指导者和领路人的角色，为学生的学习行为指明方向、提供资源、分享经验、答疑解惑。

②独立研究型：指学生通过利用网络、图书馆等学习资源独立开展学习和研究。

③集体研讨型：指学生可以根据兴趣、爱好、专业的不同组成学习小组，集体进行研讨学习的学习行为类型。"独学而无友，则孤陋而寡闻""三人行必有我师"，大学生在学习过程中，除了在教师指导下进行专业学习外，还经常会组建以学习为目标的各种群体，通过朋辈交流开展学习活动。

（2）按学习动机划分

学习动机是推动学生从事学习活动，并朝一个方向前进的内部动力。学习动机和学习行为相互影响，一方面，人的学习需要一定的学习动机来维持；另一方面，学习动机需要通过具体的学习行为实现。按学习动机可将大学生的学习行为分为以下几种类型：

①自我实现型：指大学生以实现个体的需要、兴趣、理想、信念、人生观等作为主要学习行为动机而开展的学习行为。对学习个体而言，这类学习动机属于内部动机，具有积极性、自觉性和主动性等特征。

②知恩图报型：指学习行为动力主要来源于对父母、师长、社会恩遇的回报。这类学

习行为主要以情感为基础，学习动机一般相对稳定。

③谋求职业型：是主要以寻求理想的职业作为学习动力的学习行为。此类学习动机属于外部动机，往往会随着外部条件而不断发展变化。

④应对考试型：是主要以通过考试、取得成绩作为学习动力而激发的学习行为。

（3）按学习结果划分

①言语信息的学习：即学生掌握的是以言语信息传递（通过言语交往或印刷物的形式)的内容或者学生的学习结果是以言语信息表达出来的。这一类的学习通常是有组织的，学习者得到的不仅是个别的事实，而且是根据一定的教学目标给予的许多有意义的知识。

②智慧技能的学习：这是指学习者将利用符号转化成自身能力的学习，智慧技能并不是单一形式，它有层次性，由简单到复杂，包括四层次：辨别、概念、规则、高级规则。言语信息的学习帮助学生解决"是什么"的问题。而智慧技能的学习要解决"怎么做"的问题，以处理外界的符号和信息，又称过程知识。

③认知策略的学习：认知策略是学习者用以支配自己的注意、学习、记忆和思维的有内在组织的才能，这种才能使得学习过程的执行控制成为可能。简单地说，认知策略就是学习者用来"管理"他的学习过程的方式。这种使学习者自身能管理自己思维过程的内在的有组织的策略非常重要，是目前教育心理学研究中的热门课题。认知策略的培养也应该成为学校教育的重要任务之一。

④态度的学习：态度是通过学习获得的内部状态，这种状态影响着个人对某种事物、人物以及事件所采取的行动。人的行动是受态度影响的，而且态度还是人的动作的结果，因此学校的教育目标应该包括态度的培养。

⑤运动技能的学习：运动技能又称为动作技能，如体操技能、写字技能、作图技能、操作仪器技能等。

2. 大学生学习行为的特点

与一般的学习行为相比，大学生学习行为具有以下特点：

（1）专业性与广泛性并存

由于大学教育在培养目标、教学内容、课程设置上具有明确的专业划分，大学生的学习活动一般都围绕某一类专门性学科、依据专业的培养目标展开，其学习行为带有鲜明的专业性特征。另外，在大学课程体系中还包含外语、计算机等共同基础知识，伴随大学生学习活动的空间逐渐从课内向课外拓展，从现实向网络拓展，大学生除专业学习，还经常根据自身兴趣爱好广泛涉猎、自主学习各种理论知识和技能。因此又呈现广泛性特征。

（2）自主性与依赖性并存

当前在高等教育学分制和弹性学制的背景下，大学生的学习行为具有鲜明的自主性特征。他们可以在完成规定课程学习的基础上自由选课，有较多的业余时间对学习目标和内容进行规划设计，有目的地开展学习活动。但是，大学生由于受到自身素质、知识结构、学习能力等方面的限制，一定程度上还需要在教师的指导下进行学习活动，其学习行为还存在一定的依赖性。

　　（3）阶段性与整体性并存

　　从现实来看，大学生在大学学习的不同阶段，其学习目标和学习重点也往往各不相同。如本科生在大学一年级时学习处于过渡期，还处于中学和大学之间的转型阶段，其学习行为多侧重对专业基础知识和公共基础知识的学习。进入大学二年级，学生已经开始侧重进行各种专业理论和基本技能学习，这一阶段的学习行为往往呈现出一定的稳定性。到了大学三年级，大学生的学习目标日益明晰，学习内容逐渐向纵深发展。围绕各自目标，学生的学习行为差别趋于明显。进入大学四年级，学生开始面对择业问题并即将走向社会，学习行为更具有实用化、实践化的倾向，如进行专业实习、毕业设计、参加就业技能培训等。在大学生学习行为呈现阶段性特征的同时，从整体上看，大学生的择业成才的学习目标相对确定、所学专业的学习内容相对稳定，学习行为始终围绕自身的学习目标和学习内容这一核心开展，也呈现出整体性特征。

（二）大学生学习行为的管理与引导

　　近年来，随着社会的发展和高等教育改革不断深化，大学生学习行为更趋于自主化、个性化，但也由此引发了一系列新问题。如部分学生仍以及格万岁的应试动机为主导，学习行为缺乏主动性和创造性。为了追求成绩，甚至出现考试作弊、论文剽窃等现象，并对学校和个人造成不良影响。因此，加强对大学生学习行为的管理和引导，帮助学生摆正学习心态，明确学习目标，提升学习与创新能力，已成为大学生学习行为管理的当务之急。

　　1. 明确学习目标，激发学生深层学习动机

　　学习动机与学习目标是紧密联系的，任何学习动机都是出于学习目标的需要。对于大学生的学习行为管理引导，首要的任务就是帮助学生树立科学的学习目标、强化学习行为的目标意识，进而形成科学的学习动机。具体来说，一是要引导学生充分理解个人需要与社会发展之间的关系。能够将个人需要与社会发展相结合，树立科学的学习成长目标。具体工作中要通过外在正面激励强化、职业发展辅导等方式，帮助学生认识到只有树立起明确的学习目标，才能在大学期间获得充分的发展。二是要充分激发学生的深层次学习动机。在当前大学生就业形势比较严峻的背景下，学生学习动机实用化、功利化是有其合理性的，但是学习行为的过分功利化，会逐渐导致学生失去学习的愿望和兴趣，甚至阻碍学生的发展成才。开展学习行为管理，要从每个学生个体的自身特质和兴趣爱好出发，通过唤醒学生的内在学习兴趣、激发求知欲，引导学生正确认识学业发展、树立积极的学习期望，从而挖掘学生的最大潜力，形成长期的学习动力。

　　2. 强化自主学习管理模式，提升学生自主学习能力

　　授人以鱼，不如授人以渔。大学阶段的学习，传授知识固然重要，但更为关键的是培

养学生自主学习的能力，为其未来走上社会、终身学习奠定基础。一方面，要有针对性地客观分析学生的内在素质，进而针对学生个性特点和发展需求，制订合理的阶段性学习规划，对学生自主学习进行方法指导，如：建立自主学习规范、制订大学四年学习规划、完善自主学习制度等；另一方面，可以探索自主学习与小组学习相结合的方式，改变学生在学习上习惯一个人单独学习多，而小组合作学习少的状况，组织学生进行合作学习，充分发挥朋辈集体智慧，促进自身学习能力的提升。此外，还要为学生自主学习提供充足的资源和良好的环境，不断丰富完善图书馆、网络教学等公共学习资源，积极为学生创造自主学习实践机会，让学生在实践探索中不断强化自主学习意识、提升自主学习能力。

3.建立科学长效的学习奖惩机制，营造良好的学习氛围

学习奖惩机制是国家和学校人才培养方向的具体体现，对学生学习行为有着直接的导向作用，是确保学生学习行为健康发展的重要制度保障。一方面，以促进学生全面发展为指向，本着正面激励为主的原则，构建科学长效的学习奖励机制。对综合素质较高、专业学习优异、专长突出的同学给予充分的物质奖励和精神奖励，充分激发学生的内在学习动力和学习的积极主动性，为学生学习行为提供明确的发展导向；另一方面，学校要切实加强高校学生学习行为的纪律规范，保障学校正常的教育教学管理秩序，加强校风学风建设，对于违反学校相关管理规定的学生，要严格公正地纠正其不当的学习行为，要本着教育为本、严格规范的原则进行管理，建立警示、预防、处理等相关机制，严肃校风校纪，为学生提供公平、公正的学习环境，营造诚信、踏实的求学风气。

三、大学生社会实践行为管理

（一）大学生社会实践行为的类型与特点

大学生社会实践行为，是指大学生按照高等教育目标要求，深入实际、深化教学、服务社会，促进自身全面发展的活动行为。大学生社会实践作为高校培养人、教育人的一种基本教育形式，通常以"受教育、长才干、做贡献"为目标，以学生亲力亲为的实践体验活动为载体，是高校课堂教学的重要延伸。

1.大学生社会实践行为的类型

（1）按实践范围划分

大学生社会实践行为的范围与空间十分广泛，按照大学生开展社会实践活动的范围进行划分，主要包括校内社会实践行为和校外社会实践行为。校内社会实践行为包括校内勤工助学、毕业设计、军事训练等；校外社会实践行为包括校外教学实践、校外专业实习、假期工作实践、社会调查、咨询服务、支农支教、社区服务等。

（2）按实践内容划分

①学习研究型：主要是指大学生在专业教师的指导下，针对某一专业问题或社会热点问题，深入社会进行调查研究。参与此类实践活动可以培养大学生发现问题、解决问题的意识和能力，在形成调研报告、发表科研成果的过程中还可以锻炼学生的学术科研能力。学习研究型还可包括由学校根据学生专业需求，统一组织学生参与相关企事业单位进行的专业实习锻炼。

②志愿服务型：主要指学校、学生社团或学生个体为满足社会需要而开展的公益性志愿服务活动，如绿化城市、美化校园、科技扶贫、义务演出、义务宣讲等。此类社会实践行为既可以帮助学生走进社会，了解社会，还能够培养学生无私奉献的精神及高度的社会责任感。

③参观教育型：这种社会实践行为主要指学校或学生自发组织走进社会，到工厂、企业、中小学校、历史圣地、文化古迹等进行参观考察，学生通过直接的感官体验，了解国情，升华思想，从中得到教育和启迪。

④有偿劳动型：指大学生以获得经济报酬为主要目的而进行的社会实践活动。既包括由学校为学生提供的勤工助学岗位，如图书管理、助研管理等，也包括学生个体或集体自发组织参与的相关行为，如从事家教、推销产品、利用寒暑假时间到企事业单位打工锻炼等。此类社会实践行为有助于培养学生勤劳肯干的作风和艰苦奋斗的精神，提升就业能力。

2. 大学生社会实践行为的特点

大学生社会实践行为呈现的特点主要包括以下几方面：

（1）体验性

实践体验是大学生学习知识、掌握本领的一个重要途径。大学生的理论学习往往通过课堂内学习得以实现，社会实践则更强调从感性上获得对社会各方面的认知、理解、体验和感悟。通过社会实践，学生可以将自身原有的知识经验与亲身接触的社会实际进行印证和比较，将抽象的理论知识与具体的实际问题联系起来并相互转化。

（2）专业性

大学生社会实践是高校教育教学不可或缺的重要环节，往往体现出所学专业理论知识与社会实践行为紧密结合的鲜明特征。主要体现在两方面：一是大学生社会实践行为的目的是为了通过实践检验、反思所学的专业理论知识，最终运用所学专业知识服务社会，实现自身价值。二是大学生社会实践行为的内容和方式具有专业性。大学生具有突出的专业知识和专业技能优势，能够更好地服务于社会各项事业的发展。

（3）阶段性

大学生社会实践行为的阶段性特点主要表现在两方面：一是就大学生社会实践行为本身而言，是大学生社会化过程中的一个重要阶段。大学生处于人生中的成长成熟阶段，其社会化的任务是为进入社会、承担社会责任做好全面的准备，这一阶段的实践成果主要通过学习获得；二是实践内容的阶段性。主要表现为社会实践形式随着年级的增长而变化，如低年级学生的实践行为主要集中在校园内及其周边，以活跃课余文化生活，培养兴趣爱好、提升能力为主要目的。高年级学生的实践行为会更注重深入社会，通过调查研究、教育实习等方式把专业知识与社会实际联系起来。同时，除贯穿整个大学过程的学习研究实践外，各种实践行为都具有学生参与时间上的阶段性。

（二）大学生社会实践行为的管理与引导

1. 完善运行机制，充分调动大学生参与社会实践的积极性

一是要把社会实践作为学校教育教学活动的重要环节纳入整个教学体系，将社会实践作为人才培养过程中的重要环节。引入学分制，督促学生在完成实践活动后上报成果，对成绩合格者给予相应学分。二是建立健全保障和激励机制。如设立专项基金，用于解决学生外出交通、住宿、参观等费用。对在社会实践活动中表现优异的学生给予一定的物质与精神奖励，还可将社会实践作为参与评奖评优、保送研究生、推荐就业单位的考核依据等。三是建立考核评价机制。进一步健全社会实践活动的考评体系，设立科学的考核标准和考核办法，全方位、多角度、全程式对学生实践活动给予评价。对实践行为做出客观反馈的同时，促使学生深入反思实践中的经验与不足。四是努力实现社会实践运行的基地化、项目化及社会化。具体来说，可以加强与社会单位的联系，有计划地建立一批稳定的社会实践基地，以招标的形式确立实践项目，确保实践活动的实效性。

2. 强化专业指导，确保学生社会实践活动的科学开展

学校应结合实际，建立和完善校院（系）两级学生社会实践活动指导体系。在学校层面，要设置专门的包括学校分管领导在内、由有关部门负责同志组成的大学生社会实践领导小组，加强高校社会实践的对内组织指导和对外联络沟通，建立科学规范的管理制度，保证社会实践有步骤、有计划地进行。在各院系层面，应发挥院系的专业优势、整合社会资源，选拔一支优秀的指导教师队伍，为学生社会实践活动提供专业指导，确保社会实践取得良好的效果。此外，高校还要加强对学生社会实践活动的理论研究，探索大学生实践行为的科学发展体系。

3. 加强示范宣传，进一步扩大社会实践活动效果的影响力

在实践行为进行的全过程中开展示范宣传教育，对扩大社会实践活动及其效果的影响力，实现宣传、鼓励和教育的目的有着重要作用。高校可以利用多种方式，强化社会实践参与者与其他学生的交流互动，增强示范引导作用。一方面，选拔和培育示范性的社会实践团队和个人，提供更广阔的展示平台和发展空间。高校教育管理工作者要从学校层面支持大学生的社会实践行为，提供更大的展示平台和发展空间。一是要充分发掘，开展评选

活动，选拔出对大学生全面发展有积极作用和广泛影响的社会实践活动，给予适当奖励和宣传。二是要加强培育，根据学生个性特质和兴趣方向组织开展社会实践活动，有意识地培育优秀的社会实践团体和个人。另一方面，多渠道宣传，提升社会实践影响力。通过网络、报纸、广播等多种形式宣传优秀社会实践活动的社会效益，以及在实践过程中的典型人物、事件、成果等，鼓励更多的大学生自主参与到社会实践活动中，在服务社会的过程中提升素质，全面成长成才。

第二节　大学生群体组织管理

大学生群体组织是高校组织中的重要组成部分。对大学生群体组织的管理和规范有利于组织及组织成员特定目标的实现，有利于大学生自身能力素质的提升，对规范校园秩序、促进校园文化建设也有着重要的影响作用。

一、大学生群体组织管理概述

大学生组织作为一种学校教育组织，是大学生实现自主发展的主要途径，同时也是开展大学生思想政治教育的重要载体，研究大学生组织管理的内涵和特点是对其进行科学管理的基础和前提。

（一）大学生群体组织的内涵

大学生群体组织的产生是大学生内在心理需要和教育目标、教育规律相互作用的结果。大学生内在心理需要主要体现在情感交往的需求、获得认同感的需求和实现自我发展的需求三方面。一是情感交往的需求。大学期间学生的交往需求比较迫切，渴望与他人交流，希望得到同龄人的关注以摆脱初入学时的孤独感，希望通过突破原有的个人生活、学习圈子，扩大视野，丰富自己的生活，因此大部分大学生对于参加集体活动非常积极，这也是大学生群体组织形成的一个重要原因。二是获取认同感的需求。大学生希望能在学习、生活和交往等方面显示自己的才能，发挥自己的作用，得到社会和他人的认可。学生组织通过开展各种比赛、表彰活动等，为学生提供认识并实现自身价值的机会，从而满足学生获取认同感的需要。三是学生自我发展的需求。伴随着社会进程的加快，社会竞争越来越激烈，大学生从入学开始就意识到未来考研、就业的压力，这种危机意识使其自我提高的要求增强。学生组织开展各类培训、竞赛的目的都是为了培养大学生的能力和素质。学生通过参与活动可以锻炼能力、提高素质，实现自我发展。

大学生群体组织有多种分类方式。根据大学生群体组织的组织机构完整性和紧密性，可将大学生群体组织分为正式群体组织和非正式群体组织；根据大学生群体组织存在真实与否，可以把大学生群体组织分为假设群体组织和实际群体组织；根据大学生群体组织的目标和性质，可以把大学生群体组织分为政治型群体组织、学习型群体组织和兴趣爱好型群体组织等。本书中，我们选取正式群体组织、流动群体组织、虚拟群体组织和生活群体组织等四类特定的学生群体组织进行深入探讨。

（二）大学生群体组织的特点

大学生群体组织是在高校这个特殊的环境背景下形成的青年人组织，和社会其他组织相比，有自己独特的活动目的、活动形式和组织文化。其特点主要体现在以下几方面：

1. 相似性

大学生群体组织一般都是由年龄相仿的学生人群组成，他们在成长环境、思想、心理和目标上都有一定的相似性。首先，大学生群体组织成员接受的教育程度相当，这就决定了他们相同或相似的认知水平和思维方式。其次，大学生群体组织成员处于同一个年龄段，思想、心理特点较为相似，在一些基本问题的认识上存在着相似性。再次，大学生群体组织中的大多数成员有着相近的理想和目标，追求个人专业知识的丰富和综合能力的提高，追求良好的工作和学习、深造机会。最后，大学生群体组织之间虽有不同的组织形式和特定的组织目标，但在最根本的发展方向和成长目标上是相似的。

2. 年轻化

同其他社会组织相比，大学生群体组织的成员大多处于青年期，精力充沛，思维活跃，加上大学生自身逻辑思维、抽象思维能力逐渐提高，个人价值追求和个人能力提升的目的明确，在学习、生活等方面会表现得较为积极和活跃。但与此同时，年轻化也带来了发展过程中的不确定性。大学生正处于世界观、人生观、价值观确立的关键时期，受到社会多元价值观念和社会多种复杂问题的影响，会表现出价值判断和情绪的不稳定性。加上大学生群体组织成员的流动性强，新成员带来新的思想观念和活力，影响和冲击着组织原有的行为体系，因此大学生群体组织又具有不确定性。

3. 互动性

互动是指个人与个人、个人与群体、群体与群体之间通过信息传播而发生的相互依赖的社会交往活动，是指各种因素之间相互影响、相互促进、互为因果的作用和关系。大学生群体组织的一个重要特征就是互动交往。大学生组织成员的互动交往与其他社会组织的互动交往相比，既有相同点，也有不同点。相同点在于如果大学生组织成员之间不发生任何形式的互动，就不能产生关系，也就不可能形成组织。不同点在于大学生群体的交往互动具有全面性、深刻性等特征。大学生处于相对自由的环境中，社会关系比较简洁、清晰，他们在学习、实践的过程中逐渐主动地走到一起，交流、讨论，形成互动。大学生之间的接触和交往程度、交流内容涵盖大学生生活的各方面，比如学习探讨、思想沟通、娱乐休闲、工作交流、生活互助等。与社会其他组织相比，大学生群体组织的互动是更全面的互动。同时，大学生是大学校园活动的主体，是各类学生组织的组织者、管理者和参与者，在参与组织活动和管理团队的过程中，要求大学生彼此信任、详细分工、密切合作，因此交往和互动更为深刻。

4. 文化性

高校的文化建设在社会文化的发展中具有重要的引领作用。在这种背景下形成的大学生组织，其文化特征应是高品位、高知识含量的。大学生组织成员是由高学历成员组成的，他们学习科学知识、掌握科学技术，这从知识层次上体现了大学生组织的高品位文化特征。同时，伴随高校素质教育的推行以及大学生自我价值的实现需求，大学生提高自我素质的自觉性和主动性不断加强，聚合成高素质水平的大学生组织，这也体现了大学生组织的文化特征。

（三）大学生群体组织的管理

大学生群体组织管理是指高等学校的领导及管理人员，为实现高等学校学生群体组织的培养及管理目标，按照国家的教育方针和各项政策法令，科学地、有计划地组织、指挥、协调群体组织内部的各种因素，包括人、物、时间、信息等，并对其进行预测、计划、反馈、监督。

大学生群体组织管理工作是大学生管理工作的重要组成部分，是体现学校管理工作水平高低的重要标志。近年来，随着我国高等教育事业的不断进步，对大学生群体组织的管理越来越被重视。但是我们还应该清醒地看到，随着大学生群体组织数量和组建形式的增多，在管理工作中会不可避免地存在一些不足。如管理者观念保守，缺乏对群体组织文化的认同；管理方法的改变滞后于信息手段的丰富；管理机构不完善、对群体组织管理目标不明确等。面对这些新形势、新特点，大学生群体组织的管理工作者需要与时俱进，更新管理观念，提升管理技能，努力实现学生群体组织管理工作的系统化、现代化、规范化和科学化，要加强对大学生群体组织的思想政治教育管理，引导大学生群体组织树立正确的价值取向；创新大学生群体组织的行为管理，适应大学生群体组织行为的发展变化趋势；完善对大学生群体组织的制度管理，引导大学生群体组织走向规范化；加强对大学生群体组织管理的研究，探讨如何使大学生群体组织的教育与管理工作更加科学化。

二、大学生正式群体管理

以党团组织和班级为基础的正式群体，是大学生融入校园生活的基本载体。要切实加强对党团组织和班级的引导和管理，并以此为基础帮助学生进一步坚定理想信念，形成健康文明的生活方式，提升情趣、增长才干。

（一）大学生正式群体的内涵及特点

1. 大学生正式群体的内涵

大学生正式群体是大学校园内相对稳定的学生群体组织形式，主要包括学生党组织、学生团组织、班集体、学生会等群体。

学生党组织设立党总支、党支部、党小组等，高校学生党组织是党在高校的基层组织的重要组成部分，是党在高校保持战斗力的重要基础。

学生团组织在学校党委领导下开展工作，主要有团委、分团委、团总支、学生团支部等，学生团组织是联系青年学生的重要纽带和桥梁，是党的助手和后备军，是团员青年学生的忠实代表。团组织的性质决定了其在全面推进大学生素质教育、培养合格人才工作中肩负着责无旁贷的历史责任。

班集体作为学校教育教学的基本单位，是学生共同成长的重要组织，它以健全的组织形式对成员发挥着管理功能。班集体有明确的规章制度、有健全的管理机构，学生在现实生活中的许多问题都是通过班级来解决。班集体作为高校在校学生的基本组成形式，还发挥着教育功能，其凝聚力是一股无形的、强大的力量，对班集体成员起着激励和约束的教育作用。良好的班风对每一位学生的价值观念、行为规范、学习风气等方面都有着潜移默化的引导作用。

高校的学生会组织是在学校党委的领导和学校团委指导下的学生群众性组织，是全校学生利益的代表。学生会是联系和沟通学生与学校党政部门的重要桥梁和纽带，以营造良好的学术氛围、增强校园文化底蕴为工作重点，进行自我教育、自我管理和自我服务。同时，学生会还是学校有效开展校务管理，实现学校育人目标的重要依靠力量。根据《中华全国学生联合会章程》要求，高校学生会要"遵循和贯彻党的教育方针，组织同学开展学习、科技、文体、社会实践、志愿服务等多种活动，促进同学全面发展；维护校规校纪，倡导良好的校风、学风，促进同学之间、同学与教职员工之间的团结，协助学校建设良好的教学秩序和学习、生活环境；组织同学开展勤工助学、校园公益劳动等自我服务活动，协助学校解决同学在学习和生活中遇到的实际问题；沟通学校党政与广大同学的联系，通过学校各种正常渠道，反映同学的建议、意见和要求，参与涉及学生的学校事务的民主管理，维护同学的正当权益。可见，学生会是大学生正式群体的重要组成部分。

2. 大学生正式群体的特点

大学生正式群体具有健全的组织机构，完备的组织制度，具有很强的凝聚力。正式群体是思想政治教育的重要载体和依靠力量，是沟通学校和学生的桥梁和纽带。大学生正式群体表现为以下几方面的特点：

（1）具有较强的方向性

大学生正式群体是为了完成某一特定功能而建立起来，具有较强的方向性和目标性。例如，学生党团组织是上级党团组织为了对基层党员、团员进行有效管理而建立的组织，它具有很强的政治色彩，承担了传播主流价值观以及党的路线、方针、政策，有效贯彻党的政治主张、基本路线和基本纲领等政治任务。班级是为了完成大学学习功能而形成的群体，其基本功能是接受教育或学习。学生会是为了促进学生自我教育、自我管理、自我服务而统一建立的自治组织。因此，相对于其他群体来讲，正式群体的目标更加明确，方向性更强。

（2）具有较强的规范性

大学生正式群体基本属于"科层制"管理模式，即组织有极其严格的规章制度和等级制度，下级服从上级是基本的组织纪律，具有较强的规范性。学生党团组织要遵循党章团章以及学校基层党组织的相关规定和要求，在学校党委及其职能部门、校团委和院系党团组织的领导和指导下开展工作。班集体作为高校管理的基本单位，有健全的管理制度，规范着班级管理的各个基本环节和学生的基本行为规范。学生会虽具有一定的自治性，但直接接受党团组织的指导，具有严格的章程、科学的机构设置、明确的工作要求和严格的考核制度。较强的规范性确保了正式群体及时、有效地贯彻落实党的方针政策和学校的制度规范、发展要求。

（3）具有较强的凝聚力

从行为科学角度看，凝聚力是指群体对成员的吸引力和成员之间的相互吸引力，既包括群体对其成员的吸引力，又包括成员对群体的向心力。大学生正式群体和群体成员之间也有着很深的感情和很强的凝聚力。它的凝聚力体现在党员、团员和普通学生对党团组织的忠诚和拥护。班集体主要通过良好的班风和班级文化来凝聚人，其凝聚力体现在学生能够形成很强的集体主义观念。学生会主要通过和谐健康、积极向上的文化氛围和学生自我管理的有效实现凝聚人，其凝聚力体现在学生对学生会组织活动的认可与参与。

（4）具有较强的先进性

与其他组织不同，正式群体在选拔、考核、晋升学生干部时都把学习成绩、工作能力，以及生活、学习作风作为一个必要条件，学生干部的选拔、培养是一种先进模式。这使得正式群体成为优秀学生汇聚的组织团体。

（二）大学生正式群体的管理与引导

大学生正式群体是学校教育管理的基本单位，是学生思想政治教育的主要载体，对于正式群体的管理和引导要符合其自身特点，突出其思想政治教育功能，创新其教育管理手段。

1. 以思想建设为核心，加强正式群体的先进性建设

加强正式群体的思想建设，主要是在正式群体中普及以社会主义核心价值体系为主要内容的理论思想，加强正式群体对重要时政内容的深入了解，加深对世界局势和国情社情的认识，提升成员的政治理论素养。加强正式群体思想建设的具体实施方法可以包括以下几点：一是通过理论学习增强正式群体的先进性。党团组织要定期开展政治理论学习，班级要通过班会等形式定期宣传党和国家的重大时事和政策，学生会组织要通过定期组织讲座、培训增强学生会干部的政治敏感度和政治鉴别力。二是通过制度建设保障正式群体的先进性。在加强正式群体思想建设的过程中，高校的教育管理工作者要强化全程监督和效果反馈，以保证思想建设目标的实现。要建立健全管理制度，如班级管理制度、学生会管理制度、财务管理制度、物品管理制度等，规范正式群体学生的基本行为和管理的各个基本环节。要建立健全制度运行机制，将正式群体的发展纳入学校教育管理的环节之中。建立健全正式群体的竞争和激励机制，如优秀学生干部评比、优秀党员、团员评比等。建立健全正式群体的考核和评价机制，如学生干部量化考核机制、学生干部职务晋升机制等，通过积极推进正式群体的制度建设，提升管理效率，促进正式群体的健康发展。

2. 以学生自我教育为重点，充分发挥正式群体的朋辈效应

"朋辈效应"是指具有相同背景，或是由于某种原因，具有共同语言的人在一起分享信息、观念或行为技能，以实现教育目标的教育方法。朋辈之间鸿沟小，防御性低，共通性大，互助性高，具有先天的优势。由于正式群体中的核心成员大都是学生中的优秀分子，这为朋辈教育活动的开展奠定了坚实的基础。一是重视正式群体中学生骨干人才的培养，强化典型示范作用。学生骨干在正式群体的管理中扮演着重要角色。他们处于大学生管理教育的第一线，是开展各种学生活动的策划者、组织者、实施者和参与者。学生骨干一般具有良好的群众基础，发挥着先锋模范作用，能够通过自身感染同学。高校教育管理工作者要善于发挥骨干群体的示范作用，积极创造普通同学与他们交流的机会。如组织先进事迹报告会、学习经验交流会、表彰大会等活动。以骨干学生的先进思想和典型事迹引导学生反思，把社会对人才的要求转化为受教育者的自我要求，从而实现学生的自我教育。二是依托互助小组等组织形式，搭建朋辈间交流互助平台。大学生处于同一个年龄段，彼此之间有更多共同语言，容易实现良好的沟通和互动。通过在班集体中设立学生心灵使者、心理联络员等形式，搭建朋辈间相互影响、彼此帮扶的桥梁，并以此为依托提升群体成员自我认识、自我监督和自我评价的能力。

3. 以活动创新为导向，增强正式群体的生机活力

保持大学生正式群体的生机与活力是其持续发展的前提。开展形式多样、内容丰富的创新性活动能够在激发学生学习和生活热情的同时，增强正式群体的生机与活力。一是创新组织管理模式。注重激发学生的主体意识，培养学生的综合素质能力，引导学生改变以往依赖指导教师组织开展活动的方式，鼓励学生根据专业特征和兴趣，自主选择、创新活动内容和活动形式。将传统"自上而下"的强行推进，变为"自下而上"共同推进，充分发挥学生的积极性和创造力。二是创新活动内容。开展活动是正式群体的主要行为方式之一，活动内容的创新，有助于改善活动质量，实现活动目标。在开展活动的过程中，既传承经典又紧扣时代主题，选择新形势下的新内容是活动内容创新的重要方向。三是创新活动形式。高校教育管理者要始终坚持理论联系实际的原则，有意识地引导学生改变以往较为枯燥的带有强制性、约束性等特征的活动形式，通过加强学习、广泛调研等方式积极探索、借鉴新型的活动组织形式，增强活动的新颖性，增加对学生的吸引力和感染力。

三、大学生流动群体管理

大学生流动群体是为满足大学生的多元文化生活需求而产生的大学生群体组织，以学生社团为主体。加强对流动组织的引导和管理，在推动校园文化建设、提高学生综合素质、引导学生适应社会、促进学生成才就业等方面发挥着重要作用。

（一）大学生流动群体的内涵及特点

1. 大学生流动群体的内涵及类型

大学生流动群体，是指一种非正式群体，是广大同学依照共同的兴趣、爱好，自愿组成的开展文化、科技、体育、文艺等方面活动的群众团体。大学生流动群体自 20 世纪 80 年代初在大学校园内蓬勃兴起，在一定程度上满足了大学生在学习、生活、交往等方面的需要，在推动校园文化建设，优化成才环境，提升学生素质等方面发挥了重要作用。从类型上来看，大学生流动群体是以学生社团为主体，以临时组建的项目型群体和老乡会等自由组织为补充的群体。

2. 大学生流动群体的特点

大学生流动群体是广大学生按照某一共同喜好而自愿组成的群众性团体。在其建设和发展过程中存在着组建及运转的自主性、类型及内容的多样性、成员参与的广泛性及组织结构的松散性等特点。

（1）组建及运转的自主性

现代高等教育逐渐改变了过去重知识传授、轻能力培养，重课堂统一教学、轻课外知识拓宽的传统教育模式，强调尊重学生的个性发展，促进学生的全面发展，以适应市场经济对人才的多样化需求。在这种教育理念和教育模式下发展起来的流动组织，因充分尊重和体现学生的主人翁意识，备受学生欢迎。学生在组织的组建及运转中有较强的自主性，群体组织的负责人自愿承担发起和组建工作，承担着确定发展方向、内部管理和活动设计等方面的工作，学生按照自愿原则加入组织、参与活动。学校和指导教师只负责宏观指导。以学生社团为例，社团组织的成员皆为有着某一共同爱好的大学生，他们自愿加入组织，组织的日常活动完全是依据组织目标，由成员自行策划、组织和实施的，具有高度自主性。这类组织有利于培养和激发学生自我教育、自我管理、自我服务的意识和热情，有利于培养学生的主人翁精神。

（2）类型及内容的多样性

网络时代信息技术的快速发展极大地拓宽了学生获取知识和信息的渠道，这促使学生对精神文化有了更高的需求。简单的食堂—教室—宿舍"三点一线"式大学生活模式已不能满足新世纪大学生的需求。大学生流动群体的产生和发展，使之呈现出活动类型多种多样、活动内容丰富多彩的特点。以社团为例，近年来，高校社团除了传统的体育、文艺、科技和社会公益等类型，还出现了如网络虚拟社团、跨校社团等新型社团。社团活动内容涉及政治理论学习、科学技术探索、文化娱乐体验、志愿服务开展、社会实践考察、创业技能提升等方面，社团的组织形式和活动方式也各有特色，既符合学生需求又新颖独特，充分体现出新时代流动群体的特点。不同类型、不同层次的活动在一定程度上满足了广大学生求知和施展才能等多方面的需要。

（3）成员参与的广泛性

丰富多彩、形式多样的组织活动为广大学生提供了充实的课余生活和展现个人才能的多种渠道。不同年级、不同专业、不同性格、不同民族的学生都有机会选择参与到流动群体组织的活动中来。目前各高校都有很多学生社团，不仅在校园内影响力很强，在校园外也产生了很大影响。

（4）组织结构的松散性

大学生流动群体作为学生自愿组织、自愿参加的群众性群体，对成员的约束力不强。具体体现在以下几点：一是组织管理方式的松散性。多数流动群体与学校行政部门间没有明显的隶属关系，而是保持关注和指导的关系，因此流动群体往往缺乏有利的场地、资金和政策的支持，缺乏及时有效的指导。二是组织成员的不稳定性。大学生群体的关注内容广泛，其兴趣爱好也很容易转移。如果对某一流动群体的主要活动内容失去兴趣，就会选择离开。反之，如果某一热点问题受到广泛关注或某一行为方式流行起来，相关流动群体就会出现生机勃勃的景象。此外，由于群体成员覆盖面较大，各种性格的人群聚集，容易使组织的内部产生分化、矛盾和冲突，也会影响组织的稳定。

（二）大学生流动群体的管理与引导

面对新时期的新挑战，进一步科学整合资源，加强和改进大学生流动群体的管理，科学有效地引导大学生流动群体的良性发展，不仅是适应高等教育改革发展和大力推进素质教育的迫切需要，也是新时期高校人才培养和校园文化建设所面临的重要课题。

1. 科学管理、重点扶持，促进流动群体的可持续发展

实现大学生流动群体的良性健康发展需要运用科学的管理理论和方法，并坚持管理与扶持相结合。对流动群体实施科学管理，可以从以下几方面入手：一是要严把组织入口关。以学生社团为例，成立学校社团联合会，充分发挥学生社团联合会的组织管理和服务功能。学生申请成立社团，首先要按照相应规定向社团联合会提出书面申请，明确提出社团的宗旨、章程、负责人等。社团联合会要严格审核各项资质、认真履行审批手续。二是要加强对负责人的管理。负责人是组织的领导核心，组织活动的方向、质量及目标的实现都与负责人的决策和影响紧密相关。要选聘德才兼备的学生担任负责人，定期考核，有计划地组织培训，不断提高其政治素质和工作水平。三是要加强对活动的管理。为保证活动的质量，可鼓励流动群体采用项目管理形式开展各项活动。这对鼓励学生积极参与活动、锻炼其能力和提高活动质量与效率，都会发挥积极作用。高校应该重视流动群体的积极作用，关注、重视其建设和发展，并给予重点扶持。具体来讲、一方面鼓励思想觉悟高、业务能力强的教师做流动群体的指导教师。另一方面改善学生社团的办公条件和活动条件，添置必要设备和物资，通过组织的力量帮助学生社团解决一些实际困难，为学生社团工作的有效开展创造有利条件。

2. 提升格调，打造品牌，营造高品位的组织文化

组织文化通常是指一个组织在长期发展过程中将其成员凝聚结合在一起的行为方式、价值观念和道德规范的总和。与文化配合的管理才可称之为卓越的管理。引导大学生流动群体营造高品位的组织文化是大学生教育管理工作的高层次要求。创建积极健康、高雅向上的组织有助于学生受到文化的感染和熏陶，更为明确地参与组织活动。引导大学生流动群体营造高品位的组织文化主要包括两方面的内容：一是结合学校传统，提炼形成特色组织文化。每所高校都有自己独特的建校背景和发展历史，也有着个性化的办学理念和育人目标，这是校园文化的基础。大学生流动群体组织文化的建设可以结合学校培养目标与办学特色，打造品牌活动，营造健康向上、积极进取的文化氛围。

基于此，学校可以在群体中引进竞争机制、奖励机制和淘汰机制。以学生社团为例，由学生社团联合会统一制定详尽的考评细则，定期对社团进行综合测评，根据测评成绩，分别进行各类别社团的内部排名及校内总的排名，激发同类别社团及跨类别社团间的竞争，用良性竞争促发展。对于测评结果优异的学生社团进行奖励和表彰，对于没有开展活动能力或者不具备运行条件的社团予以淘汰。通过以上三种机制的综合实施，进一步促进学生社团纵向发展，增强学生社团存在的意义，提升社团品位。

3. 立足校园、面向社会，将流动群体打造成素质教育新平台

大学生流动群体是校园文化建设的重要力量，高校教育管理者可以充分利用流动群体

自身的优势，立足校园、面向社会，打造素质教育新平台。一方面，引导大学生流动群体将活动开展与学生专业学习相结合。大力开展与所学专业结合比较紧密的社团学术活动，促进学生专业学习，完善知识结构，提高专业素养；另一方面，指导学生社团等流动群体开展与日常学习生活相关的主题鲜明、内容丰富、形式多样的社会实践活动，使学生既在社会实践的过程中体会理论的指导作用，及时发现自身的不足和问题，同时又在实践中不断丰富和发展理论。鼓励社团之间加强交流与合作，推出跨校际联合活动，实现社团的优势互补和资源共享，促进社团的发展，扩大高校学生社团的影响力。利用社会的广阔舞台和丰富资源，来充实学生社团活动的内涵，达到从学校走向社会、服务社会的目的。此外，随着经济的全球化、国际互联网络的广泛应用，学校要鼓励学生社团和世界各国高校学生社团加强联系，扩大社团的发展空间，通过交换信息、交流经验，展示中国高校学生社团的风采，同时学习外国社团的经验促进自身的发展。

四、大学生虚拟群体管理

虚拟群体是以互联网的迅速发展为基础而出现并逐渐发展的群体类型。加强对虚拟群体的引导和管理，可以有效规范大学生群体的网络行为，开辟新的思想政治教育阵地，也是保障校园和谐稳定发展的重要体现。

（一）大学生虚拟群体的内涵及特点

1.大学生虚拟群体的含义和类型

大学生虚拟群体是指发生在网络中的社会聚合，主要是以网络为平台，依托 QQ 群、微信群、微博等形式形成的兴趣相同、思想相近的大学生群体组织。

随着信息技术的发展，计算机网络已逐渐成为当代大学生必不可少的交流工具，甚至已成为大学生的一种生存方式。当越来越多的大学生通过互联网聚集、融合并付诸行动形成规模，大学生网络虚拟群体便形成并不断发展壮大。目前，互联网上大学生虚拟群体的种类繁多，影响较大的有以下几个类型：交流分享型网络虚拟群体，以交流交友为目的，实现协同合作、资源互惠，并常常延伸到现实社会。学习服务型网络虚拟群体，某种程度上讲是一个学习型组织或志愿者团队，他们花费很多的精力学习与挖掘具有价值的网络资源，并将这些资源共享到网络媒介上，供他人使用，为他人服务。劳动获利型网络虚拟群体，重要标志是以互联网为平台，凭借自身的技术和信息等优势，付出劳动赚取酬劳，例如替他人编写程序、制作软件等。

虚拟群体在大学生发展的过程中发挥着非常重要的作用。一方面，网络虚拟群体为大学生提供了崭新的交流场所，丰富了获取信息的渠道，并进一步满足了大学生的情感需求，对大学生的学习、人际交往以及个性成长都有一定的积极促进作用。但是另一方面，网络虚拟群体的发展也带来了一些消极影响，虚拟的环境容易使大学生沉溺其中，使大学生在现实生活中的人际交往越来越困难，影响了学生正常的学习、交往和生活。

2. 大学生虚拟群体的特点

以网络为平台的大学生虚拟群体，是一类新兴的大学生群体组织，是基于网络的虚拟性和开放性等特点形成的，除了具备大学生群体组织的基本特点外，还有其独有的特征。

（1）虚拟性

在网络平台上，尽管信息本身是确定的，但是网络信息巨量特征和信息传递的超时空等特征，使得信息的传播目的、意义和情感并不清晰明了，具有虚拟性的特征。网络的这种虚拟性必定会反映到以网络为平台的大学生虚拟群体中，虚拟群体的成员在交往的过程中经常以某种虚拟的形象和身份沟通、交流。群体成员的交往活动和一般社会行为相比，没有特定的物理实体和时空位置，这些都使得网络虚拟群体中人与人之间的关系不稳定，人际交往也因此存在着潜在的不确定性。但是，网络群体的虚拟性却有助于沟通者的成就感体验，即人们都渴望在沟通中建立良好的人际关系，体会到或多或少的成就感。在虚拟的网络交往中，没有实际利益的竞争、没有生存压力，可以凭借自己特有的一类所长赢得组织成员的相互认可，一定程度上可以弥补生存压力下，社会激烈的竞争带来的人际挫折感。

（2）自由性

这是大学生虚拟群体的重要特征之一。作为一个自发的信息网络组织，虚拟群体本身不隶属于任何成员、任何机构，加之校方的管理也不如对现实学生社团那么严格，网络组织有更多的自由度。但是，虚拟群体高度的自由性同时也造成了一些负面影响，由于目前网络世界中监管力度还很有限，对大学生虚拟群体成员的行为形成的约束力不强，某些成员可能会通过虚拟群体传播不良信息，甚至进行违法犯罪活动等。这是大学生管理工作者在虚拟群体管理中必须重视的问题。

（3）开放性

网络的开放性、无中心性等特点决定了网络虚拟学生组织的组织结构更加扁平化，组织边界比较模糊，组织成员之间则更加平等。在这样的组织中，成员能够充分表达意愿、实施行为，现实生活中大学生之间人际关系的好坏、经济条件的差异和性别等因素都不影响其在虚拟群体中的交流与交往，平等、开放、独立、进取这些现代社会所要求的品质都在网络组织中得到充分体现，此外，由于网络组织可以不受时空等物理条件的限制，其成员不仅可以是在校生，也可以包括已经毕业的校友，这使得网络虚拟群体成员呈现一定的复杂性，为管理带来了一定的困难。

（二）大学生虚拟群体的管理与引导

1. 加强虚拟群体的网络管理

虚拟群体主要是以网络为平台聚合形成的群体组织，加强网络管理是做好大学生虚拟群体管理工作的一个重要内容，对大学生的健康发展和成长成才具有重要意义。一是加强网络管理制度建设。如实施"实名上网"制度，通过网络后台动态管理虚拟群体的网络活动。建立和完善规范的上网用户日志记录留存、BBS、FTP 信息巡查及有害信息报告等制度，实现对网络行为的管理约束。二是做好校园网络上的有害信息专项清理整治工作，重点放在校内网站电子公告栏、BBS、留言板、聊天室等交互式栏目中。应实行"先审后发"制度，对网上有害信息进行全天检测，及时发现和删除各类有害信息，进行规范化的网络管理。三是把握虚拟群体发展动态，强化教育引导的及时性和针对性。高校学生管理工作者要善于运用多种手段和方式及时掌握虚拟群体的基本情况。除了在日常生活中了解学生的行为动态，学生管理工作者可以组织学生党员和学生干部，或者工作者本人以普通参与者的身份加入虚拟群体，及时了解虚拟群体的情况和信息，对可能发生的问题提前开展教育工作，对已经出现的情况做好控制工作。

2. 加强虚拟群体的现实教育

目前，虚拟群体受到的约束力较弱，部分虚拟群体成员会出现一些诸如信仰迷茫、道德观混乱、网络成瘾等新问题。这些问题会直接映射到现实中，冲击大学生在现实生活中的思维方式和行为方式，影响其成长成才。虚拟群体的现实教育工作亟待加强。一方面以活动为载体强化对虚拟群体成员的教育引导。通过设计开展一些主题明确、形式多样、内容丰富的教育活动，引导虚拟群体成员坚持主流价值观念，内化社会道德规范，促进群体不断增强自我管理、自我约束的能力；另一方面丰富和完善现实生活中大学生实体组织的功能。随着我国现代化建设的发展和社会的转型，大学生表现出多方面的诉求，大学生实体组织某些功能的缺位，使得部分群体的诉求得不到有效满足。这在一定程度上是虚拟群体产生的原因之一。大学生实体组织应该提供适应和满足学生多种需求的平台，高校教育管理者应抓住学生的心理特征，完善组织职能，组织开展符合大学生实际需求状况的活动。这也是通过现实教育方式引导虚拟群体健康发展的重要途径。

3. 加强虚拟群体中意见领袖和示范性网络群体组织的培育

培育虚拟群体中的意见领袖。意见领袖（opinion leader），也称舆论领袖，是指在信息传递和人际互动过程中少数具有影响力、活动力的人，非选举产生。一方面高校管理教育工作者要将虚拟群体中已有的意见领袖逐渐培养成政治素养高、坚持主流价值观念、自主参与意识较强、具有很强影响力的学生中的先进分子，使其正确引领整个群体的发展方向；另一方面有意识地将优秀学生党员、学生干部培养成为虚拟群体的意见领袖，使其在虚拟空间内进一步发挥榜样示范作用。对意见领袖在关键问题、关键事件上成功的影响作用，学校应有意识地给予赞扬和支持，进一步扩大其威信和影响力。

培育示范性的网络群体组织。高校管理教育工作者要打造以网络班级和网络社团为核心的一批思想先进、内容丰富、吸引力强、覆盖面广的示范性网络群体组织。通过开展优秀网络群体组织评选活动，选拔对校园文化建设和大学生成长成才等起到积极作用的网络班级和网络社团，选择有感染力、说服力的典型，深入挖掘、充分宣传，鼓励优秀网络群体组织引领和带动其他组织向着健康积极的方向发展。同时，学校应支持网络群体组织的建设，为优秀的网络班级和网络社团创造条件，提供更大的发展空间，促进其健康良性发展。

五、大学生生活群体管理

寝室是大学生群体在高校的一个重要学习、生活、交往的空间环境。从其功能来看，它是大学生进行思想文化交流的主要阵地之一。以寝室为主要载体的生活群体的构建和发展影响着每一名大学生，对生活群体进行有效的管理和引导，是大学生群体管理的一个重要方面。

（一）大学生生活群体的内涵及特点

1. 大学生生活群体的内涵

大学生生活群体，是以生活区域和范围划分的学生群体。生活群体是大学生入学时，根据院系、专业、年级、班级等条件自动生成的，可以按生活园区、公寓楼、楼层、寝室等划分。其中寝室是生活群体的基本组织形式。目前高校学生大约有一半的时间是在寝室中度过的，有些班级、组织甚至将日常管理教育和娱乐活动也搬到寝室中来开展。学生寝室中的管理教育功能对学生确立正确的人生观、树立远大的理想具有十分重要的作用。

寝室是大学生日常生活和学习的主要场所，也是课堂之外进行学生管理的重要阵地，是学生集生活、休息、学习、能力培养、思想交流和信息沟通等功能为一体的综合性场所。可以说，寝室是大学生的"第一社会、第二家庭、第三课堂"。在寝室，大学生不受外界的约束，思想行为受本真意识的支配，天然情感和真实思想得以充分展示。今天大学生寝室的功能也已经从早期单纯提供住宿服务拓展到更多功能，比如培养学生良好的生活习惯、养成优秀的思想品质、提高与人交往的能力等。寝室成员之间探讨问题、获取信息、交流思想、开展健康有益的活动，已成为大学生学习生活的重要组成部分。但由于寝室成员交往密切，言谈举止不拘小节，学校的一些管理规章制度往往在寝室成员的相互默认中得不到严格的贯彻实施，甚至出现赌博、酗酒等不良行为，这都需要大学生管理者进一步加强科学管理。

2. 大学生生活群体的特点

（1）以寝室为中心

学生寝室是大学生日常生活的主要区域，以生活园区、公寓楼、楼层等划分的生活群体都是以寝室为基本单位而形成的，并围绕寝室这一中心发挥其功能。一方面，寝室是大学生离开家庭后的新居所，寝室成员成为大学生最初和最基本的共同生活对象。进入大学，青年的生活圈由中学时期以班级或者小组为中心转为以寝室为中心，成员之间的关系由天南地北完全陌生变为同处一室朝夕相处。大学生进入高校后，通过军训期间的生活接触，寝室成员相互熟悉和了解的程度大于任何其他群体成员，再加上对周围环境的相对陌生，寝室成员自然成为大学生最初和最基本的共同生活对象；另一方面，大学生常以寝室为单位进行各种活动和交往。随着大学生活的进行，大学生的生活交际圈不断扩大，由于寝室内部成员的行为保持较高的一致性，使得寝室通常是作为一个单位进行各种活动和与外界交往，这在大一、大二年级表现得更为突出。大学生往往根据自己和寝室其他成员的需要，集体参与大学生活中的活动，比如"联谊寝室"，文体活动等。

（2）稳定性强

稳定性主要体现在三方面：一是群体成员的构成上比较稳定。寝室成员自入学之日起，一般要共同生活到毕业，较少有人员的流动。在大学的学习生活中，寝室同学之间认识最早，接触最多，了解的时间最长，内容也最广泛，成为相对固定的群体。二是群体学习生活状态相对稳定。寝室原则上是根据学生学习和生活的需要所确定的，其成员在大学学习生活过程中，有共同的理想和相对一致的学习目标。寝室同学每天一同去教室上课、去图书馆读书，因此也具有相对一致和稳定的生活状态。三是群体成员关系相对简单。寝室中的组织结构大多是由寝室长负责一些具体的事务，没有复杂的组织机构，也没有复杂的人际关系，不存在"等级""层次"等划分，寝室成员之间的关系一般变化不大。

（3）归属感强

生活在同一寝室的大学生由于朝夕相处，成员之间一般都会建立起一种经常、持续的互动关系，其交往程度更为深刻。寝室成员一般会受寝室文化影响，在无意识中将群体意识通过心理系统与自己固有的思维方式、价值观念和行为模式等发生交互作用，而表现出相对一致的外部特征和行为方式。一般情况下，寝室成员所面对的问题和困难基本一致，能够形成心理上的认同和归宿。群体成员大都互相帮助，在学习和生活中共同进步。

（二）大学生生活群体的管理与引导

大学生生活群体主要以寝室为中心。寝室在大学生养成良好生活习惯、形成优秀思想品质等方面起着重要的作用，需要高校教育管理者进行科学合理的管理和引导，具体来说，主要有以下三方面：

1. 以归属感提升为重点，提高生活群体的责任意识

一般来说，归属感是指一个个体或集体对一件事物或现象的认同程度，并对这件事物或现象发生关联的密切程度。提升大学生对所处环境的归属感，会有助于其形成良好的人际关系、乐观向上的精神状态和积极的学习态度，要使生活群体成员拥有良好的归属感，

一是要培养成员热爱集体，乐于为集体奉献和关心他人的良好品质。有关的心理学研究证明，成员在群体内的社会关系越好，对环境的满意程度越高。在一起居住的时间越长，参与的活动越多，对群体的归属感也就越强。在管理中，引导学生共同参与集体活动，加强学生彼此间的沟通与交流，促进成员间团结协作，关爱互助，激发学生热爱寝室、关注集体、参与建设的热情。二是赋予学生自我管理的权利。鼓励大学生参与相关管理政策的制定与管理过程的监督，激发学生参与管理的积极性，提高其自我管理能力。如以民主程序决定寝室自治章程、寝室生活规定。

2. 以文化建设为载体，增强生活群体的能力素质

以寝室为主要载体，加强大学生生活群体的文化建设，对于大学生的成长成才，创造积极向上、健康文明、关爱互助、充满生机的学习和生活环境，具有重要的现实意义。一方面，强化文明寝室建设。通过加强学生宿舍管理，规范学生基本行为，引导学生养成文明生活习惯，树立当代大学生的良好风范和形象，营造一个良好的成长成才环境。具体操作中，除硬件设施建设外，还包括软环境建设，如营造寝室独特的环境氛围，倡导文明健康的言行举止，消除寝室内不文明、不道德的现象等；另一方面，开展文化含量高的课余活动。引导学生在寝室成员间或寝室与寝室间开展以互助交流、文化学习、社会实践等为主要形式的文化、体育、科普、教育、娱乐、互助活动。融思想性、教育性和娱乐性于一体，培养学生形成认同及发展组织文化的意识。

3. 以制度建设为保障，促进生活群体良好行为习惯的养成

伴随高校学分制教学改革和后勤管理服务社会化发展，科学化、规范化成为学生生活群体管理的发展趋势。在新时期管理工作中，建设系统、科学的管理制度对于促进学生生活群体行为习惯的养成具有重要作用。一是要坚持"以学生为本"的制度建设理念，完善制度建设要以学生为本，在制度制定过程中尊重生活群体学生的需要，鼓励学生全面参与，积极采纳学生意见，科学论证制度的合法性与合理性，保证制度在管理、服务中充分发挥教育功能。在制度执行过程中，尊重学生的各项权利，尊重学生的发展需求，保障学生的合法利益。二是构建教育、管理、服务功能互相配合的制度体系，建立以寝室安全及卫生管理办法、定期查寝制度等体现管理性的制度，建立以寝室文明公约、学生轮流值日制度等体现学校教育和学生自我教育的制度；建立高校学生政工干部入住学生寝室制度，强化服务与管理的有效结合。各高校应结合自身实际，因地制宜，充分发挥制度规范在促进生活群体良好行为习惯养成方面的保障作用。

第三节　大学生安全和资助管理

一、大学生安全管理

安全管理是学校日常工作的基本组成内容，是做好教学科研工作、提高教育质量和维护教学秩序的基本前提和重要保障，是学校的基本责任。本节将从概述、内容、原则与策略四方面对大学生安全管理进行系统的梳理，为做好大学生安全管理工作提供基本的认识、思路和方法。

做好大学生安全管理工作，首先要求我们对大学生安全管理有一个清晰的认识。与其他安全管理相比，大学生安全管理有其特定的内涵和意义。本节将对这些内容做简要探讨，以使我们对其有一个基本的把握。

（一）大学生安全管理的内涵

1. 大学生安全管理的含义

"安全"一词在《现代汉语词典》里有三层含义：第一，没有危险；第二，不受威胁；第三，不出事故。"无危则安，无缺则全"体现着人们在安全理解上的传统观念。安全是一个历史的范畴，具有时代的特性，在不同时期和历史条件下，人们对安全有着不同的理解和要求。

大学生安全管理是指管理者根据社会的要求，针对大学生群体特点，有计划、有组织、有目的地对大学生实施安全教育及管理，妥善处理各类安全事故，以保障高校稳定和大学生安全，最终达到引导大学生全面健康成长的目的。大学生安全管理已由以往单纯地强调校园安全管理向以建立教育、管理和事故处理一体化的服务体系转变，逐步成为以培育安全理念，提高安全素养，增强安全技能，促进大学生的全面健康发展为目的的安全管理活动。

2. 大学生安全管理的特点

与其他安全管理相比，大学生安全管理有以下三方面的特点：

①青年性。大学生安全管理的对象是青年大学生。因此，大学生安全管理是针对青年

大学生特点的安全管理。当代大学生思想活跃，独立性强，有创新精神，对周围的事物，特别是新鲜的事物和知识反应迅速。同时，也应看到，大学生普遍存在着安全意识淡薄、社会经验不足、防范能力较差等特点。大学生安全管理更加注重通过对青年大学生在校期间的日常学习、工作和生活的教育及管理，培养大学生正确的安全意识和良好的安全行为，在发挥青年大学生自身优点和长处的同时，帮助和引导大学生养成良好的安全行为习惯。大学生安全管理的青年性特征也体现在大学生安全管理的内容、形式、方法和途径随着青年大学生在不同时代、时期的特点而不断地创新和发展。

②群体性。大学生安全管理是对大学生学校生活这个特殊的群体性生活环境的管理，是对青年大学生这一同质性群体的管理，具有明显的群体性特征。通过加强对寝室、教室、实验室、图书馆等涉及学生学校生活各方面的常规安全管理，保障大学生在校期间的人身财产安全，维护学校正常的教学和生活秩序，有效地排除其他社会生活环境中的不良因素对大学生学校生活的干扰，为大学生创造一个良好的学校生活环境。

③教育性。大学生安全管理在对大学生学校生活进行常规安全管理的同时，也在对大学生进行着安全方面的常能训练。少数大学生疏于日常生活安全，缺乏基本的安全常识和技能，这给大学生学校生活以及其他社会生活带来很多的隐患，不利于大学生健康成长。管理本身也是一种教育，大学生安全管理是大学生积累日常生活经验的重要途径，是对大学生进行常能训练的重要内容。大学生安全管理要充分发挥其育人功能，以促进大学生全面健康成长。

大学生安全管理有以下四方面的任务：一是宣传、贯彻国家安全管理工作的有关方针、政策、法律和法规。大力开展宣传教育活动，以校内外活动为有效载体，对大学生开展形式多样的安全政策和法律法规的教育，贯彻和落实国家安全工作精神，使大学生树立起安全意识。二是开展安全教育。利用各种渠道对大学生开展安全常识教育和安全技能培训，使大学生了解日常安全防护知识，具备日常安全防范技能。同时，注重对大学生开展早期的职业安全教育，结合专业特点，对大学生开展有针对性的职业安全教育和培训。三是进行日常安全管理。做好大学生日常安全管理工作，加强安全防范，维护正常的教学和生活秩序，保障大学生人身和财产的安全，维护校园安全稳定。四是安全事故的处理。建立健全规章制度，严格管理，明确责任，对出现的大学生安全事故进行及时、有效的调查和处理，做好应急预案，提高应急反应能力，控制事态发展，减轻伤害和损失。

（二）大学生安全管理的意义

大学生安全管理对大学生、高校和社会都有十分重要的意义。做好大学生安全管理工作，关系到大学生自身的发展，关系到新时期高校的改革和发展，关系到社会的安定与和谐。

1.大学生安全管理有利于大学生自身安全素质的提高

安全素质是人们完成某种任务所必需的基本条件和能力。良好的安全素质既包括掌握基本的安全知识和安全技能，又包括在安全知识和安全技能基础上建立起来的安全意识和安全观念。大学生安全管理是提高大学生自身安全素质的有效途径。大学生安全管理是对大学生在校生活的管理，与大学生学习、生活紧密相连。通过各种管理活动，对大学生开展安全教育和管理，有意识地培养良好的安全行为规范，能够使大学生在参与活动中掌握相应的安全知识和技能，进而内化为自身的安全意识和观念，指导行为实践。

2. 大学生安全管理有利于新时期高校改革和发展

近年来，随着高校办学规模的不断扩大，招生人数的不断增多，多校区办学模式的形成，高校安全管理工作面临着很多的挑战。相对开放式的校区如何有效地管理，学生住宿相对分散如何及时排查安全隐患，学生交通安全如何保障等安全问题需要大学生安全管理工作积极主动地做出反应。因此，作为高校安全工作的一项重要内容，大学生安全管理是随着高校改革和发展而不断发展的，已成为新时期高校改革和发展的重要内容之一。因此，只有正确地对待和处理好大学生安全管理问题，才能保障高校改革和发展的顺利进行，才能及时解决高校改革和发展中出现的大学生安全管理方面的新情况和新问题，才能形成合力，不断提高服务学生的能力和水平，促进大学生健康成长。总之，大学生安全管理是新时期高校改革和发展的必然要求，有着重要的理论和现实意义。

3. 大学生安全管理有利于社会的安定与和谐

学校的健康发展和稳定对经济社会的稳定和发展有重要的影响。在当前加快改革开放，全面建设小康社会的形势下，学校安全工作更显得尤为重要。大学生安全管理作为高校安全工作的重要组成部分，承载着管理和育人的功能。加强大学生学校生活的管理，为大学生在校学习和生活提供一个良好的生活环境，有利于维护学校正常的教学生活秩序。对大学生安全事故的处理，特别是对涉及大学生的突发公共事件，如突发公共卫生事件、突发自然灾害、突发恐怖袭击等事件的应急管理和处理，有利于充分保障大学生人身财产安全，有利于高校稳定与发展，有利于社会的安定与和谐。

二、大学生安全管理的内容

大学生安全管理作为一项有计划、有组织、有目的的安全管理活动，包括日常的安全教育、安全管理以及安全事故的处理等基本内容。与此同时，大学生安全管理应以防范涉及教育系统突发公共事件的发生为重点工作，高度重视对校园突发公共事件的预防与控制。

（一）大学生安全管理的基本内容

大学生安全管理的基本内容主要包括大学生安全教育、大学生日常安全管理和大学生安全事故处理三方面。

1. 大学生安全教育

安全教育作为安全管理的基本内容之一，是事故预防与控制的重要手段。安全教育是通过各种形式的教育和培训，努力提高人们的安全意识和安全技能，使人们学会从安全的视角观察问题和审视问题，用所学到的安全技能去处理问题的教育活动。安全教育的内容非常广泛，一般而言，大学生安全教育包括安全知识教育和安全技能培训两部分。安全知识教育包括法律法规的教育、安全常识教育、早期职业安全教育，以及心理健康教育。安全技能培训包括日常安全防范技能培训和早期职业安全技能培训两部分。与系统的安全理论知识教育相比，安全技能培训针对性较强，注重实践教学环节，着眼于培养大学生的实际动手能力，它的主要目的是使大学生具备在某种特定的环境或条件下安全顺利地完成任务的能力。

第一，大学生法律法规教育，包括以下几方面：基本的法律法规教育，诸如《中华人民共和国宪法》《中华人民共和国刑法》《中华人民共和国教育法》《中华人民共和国高等教育法》等。国家有关安全管理工作方面的方针、政策、法律、法规的教育，诸如《普通高等学校学生管理规定》《高等学校学生行为准则》等。校规校纪的教育，特别是涉及大学生日常行为规范的教育，诸如校园治安秩序管理规定、公寓管理规定、教室学生行为管理规范、宿舍防火制度、学生违纪处分条例有关规定、文明离校有关规定、社团管理条例等。对大学生开展法律法规的教育，能够帮助大学生树立法律观念，形成良好的法律意识，使大学生对学校安全工作有一个总体性的了解，对自身所处的学习、生活环境有充分的认识，对自己在校园安全方面所承担的权利和义务有正确的态度，对自身在事故处理中所承担的责任有清醒的判断。

第二，大学生安全常识教育，主要包括防火、防盗、防抢、防骗、防滋扰、防食物中毒和防止网络犯罪等与大学生学习和生活联系紧密的安全知识教育，目的在于使学生掌握安全防范知识，树立安全防范意识。对突发公共事件的安全知识的教育和普及，是对大学生进行安全常识教育的重点内容。通过对大学生开展突发公共事件的安全教育，使大学生对突发公共事件有全面的认识，掌握在自然灾害、事故灾难、社会安全事故、公共卫生事件等突发公共事件发生时所能用到的预防、避险、自救、互救、减灾等公共安全知识和技能。对大学生开展全面、系统的安全常识教育，能够帮助大学生建立起科学的、实用性强的安全知识体系，有效地保护自身安全和公共安全。

第三，大学生早期职业安全教育也是大学生安全教育重要内容之一。早期职业安全教育主要是开展与大学生所学专业相关的安全教育，教育内容是在大学生实验室安全教育和实习实践安全教育的基础上，更加注重于对大学生走出校园、步入社会后，从事所学相关专业工作时，针对职业领域安全特点而进行的安全知识教育。早期职业安全教育体现着以人为本、终身教育的理念，更加关注大学生的未来安全。早期职业安全教育是提高大学生安全意识和安全素质的重要途径和手段。

第四，大学生心理健康教育是大学生安全教育的重要组成部分。大学生心理健康问题受多方面因素的影响。学校是大学生学习生活的主要场所，也是大学生产生心理问题的主要影响因素之一。从大学生的角度来看，学习压力的增大、生活环境的改变、就业和考研竞争的激烈等都会导致大学生出现心理安全问题。从学校的角度来说，因教学方法不当、管理不严格、奖评不公等情况的发生也都会给大学生心理带来不良的影响，使学生思想、行为异常，缺乏安全感。因此，在对大学生进行安全教育时，对大学生开展全面、适时的心理健康教育显得尤为重要。心理健康教育主要包括应对挫折的心理教育、恋爱与性心理教育、人际交往的心理教育、正视学习的心理教育和如何应对环境和角色改变的心理健康教育以及遭遇突发事件时的心理健康教育。心理健康教育能够帮助大学生了解自身的心理健康状况，掌握调节心理状态的科学方法，指导自身行为实践，保护自身安全和合法权益。

第五，大学生安全防范技能培训，是在安全理论知识教育的基础上，着重培养和锻炼大学生处理实际安全问题的能力。安全防范技能培训主要是通过课堂安全技能的演示、课外实习实践、有组织的应急演练等活动，训练大学生防盗、防抢、防火、防人身伤害以及应对公共突发事件等日常安全防范技能，提高自身防卫能力。早期职业安全技能培训主要针对学生专业领域的安全特点，通过实习实践和专门训练等方式和途径，对大学生开展知识性和预防性的职业安全技能教育和培训，增强大学生职业安全素养和专业知识水平，促进大学生日常安全防范技能水平的提升。

2. 大学生日常安全管理

大学生日常安全管理是指对大学生在校期间的学习和生活过程中所涉及的安全问题进行的管理，主要包括人身安全管理、财产安全管理、消防安全管理、交通安全管理、社交安全管理、网络安全管理和卫生安全管理等。

第一，人身安全是大学生日常安全管理工作中最重要的安全问题。大学生在校期间，威胁大学生人身安全，容易对大学生构成人身伤害的因素主要来自三方面：一是人为因素造成的不法侵害；二是因不可抗力造成的人身伤害，主要指自然灾害，如地震、雷击、山体滑坡、泥石流等；三是因意外事故造成的伤害，如摔伤、溺水、撞伤等。在大学生日常安全管理工作中，主要从以上三方面着手开展大学生安全管理工作，规范大学生日常行为，防止诸如滋扰事件、伤害事件、人身侵害事件的发生，做好安全事故的预防工作。同时，在大学生受到人身安全威胁时，做到及时对大学生进行帮助和处理，并如实向主管部门和领导汇报，以有效保护大学生人身安全。

第二，财产安全是大学生日常安全管理的一项基本工作。财产保护一般分为自力的保护和他力的保护。自力保护是指通过自己的力量，依靠所具备的安全防范知识和技能，对自己所拥有的合法财产采取措施进行保护。他力的保护是指根据国家法律的规定，依靠国家执法机关实现对个人财产的保护。随着科技的普及，信息时代的到来，大学生中拥有手机、笔记本电脑的人数不断增多，在带来更好的交互性和可移动性的同时，校园手机、电脑丢失，特别是手提电脑被盗的现象明显增加。近年来，随着高校实行校园一卡通制度，集图书卡、饭卡、超市购物卡功能于一体的校园卡的使用，以及高校为大学生统一办理的银行信用透支卡业务的普及，在给大学生带来便利的同时，因大学生自身保管不慎而丢失、被盗的现象也相应增多，往往给大学生带来不小的财产损失。因此，在财产安全管理过程中，应充分利用安全管理活动，开展宣传和教育活动，引导和培养大学生增强自身财产安全保护的意识和能力。同时，着力从加强校园治安秩序、宿舍安全、公共场所安全等方面防止诸如抢劫、盗窃、诈骗等危害大学生财产安全的事件发生，加大打击力度，保障学生财产安全。

第三，消防安全是高校安全工作的重中之重，任何部门和个人都有预防火灾，维护消防安全的义务。校园是大学生活动的主要场所，保护大学生的人身和财产安全，在大学生安全管理工作中，必须做好校园安全防火工作。公共场所，诸如图书馆、教学楼、体育馆、食堂、实验室等的防火安全管理是大学生安全管理的重要场所。对这些校园公共场所的管理主要包括建立健全规章制度和硬件配套措施，实行定期检查、报告和评估制度，重点检查消防设施、指示标志、应急照明、安全出口、疏散通道是否符合国家有关标准，做到严防火灾的发生。在防火工作中，对大学生集中住宿的公寓、宿舍楼进行安全排查和管理是大学生安全管理的重中之重。在管理中，必须坚决制止违章用电、用火等行为，在教育的基础上，对违反消防安全规定的行为进行严肃处理。

第四，交通安全问题在保护学生安全的工作中处于越来越重要的地位。随着高校办学规模扩大，校区面积的增大，校区和在校学生人数的增多，城市交通发展，以及后勤服务社会化的因素影响，大学生校内外交通安全事故呈现上升的态势。这就需要对大学生进行交通安全知识的宣传、教育和培训，明确责任和义务，帮助和引导大学生从关爱校园交通、关爱自身和他人生命出发，遵守交通规则，避免和减少校园安全事故的发生。同时，高校安全管理部门根据学校实际情况，制定切实可行的安全管理条例，严格执行规章制度，规范交通安全行为，从严管理校园交通秩序。

第五，社交安全问题越来越受到人们的关注。随着科学技术的不断发展，信息化时代的到来，大学生社会交往活动不断增多，影响大学生社会交往安全的因素也在不断增加。近年来，由于缺乏必要的社交安全知识，以在高校应届毕业生求职择业中出现的社交安全问题为代表的大学生社交安全问题越来越受到人们的关注。这就要求管理者在大学生日常安全管理工作中，加强对大学生社交活动的规范和管理，在勤工助学、求职择业、社团活动、异性交往等社交活动中加强管理，规范和引导大学生社交行为，使其养成良好的社会交往习惯。

第六，随着互联网技术在我国的发展，我国的网民数量已超过美国，居世界第一。信息化、网络时代的到来，给人们的生活带来了很多的便利。相应地，网络安全、网络行为问题也给人们以无尽的烦恼。作为紧跟时代步伐的大学生群体，是我国网民的重要组成部分。他们利用网络搜集信息，学习知识，交流沟通，促使自身更好地完成学业。然而，少数大学生迷恋网吧、浏览不良信息、沉迷于游戏、聊天交友、不慎受骗上当等问题时有发生，有的甚至走上了犯罪的道路。在大学生日常安全管理工作中，必须高度重视大学生网络安全问题，加强网络监管，规范大学生的网络语言和网络行为。加强宣传教育，引导网络良好道德氛围的形成，坚决打击网络犯罪，维护高校网络安全。

第七，卫生安全管理主要是指关系大学生学习生活的校园公共卫生安全，以及突发公共卫生事件的防控工作。近年来，校园突发公共卫生安全事件仍时有发生。因此，形成和完善应急机制和体系、搞好校园卫生环境、严防事故的发生是卫生安全管理工作的目标和方向。卫生安全管理工作主要包括宣传、贯彻相关法律法规，对学校的公共卫生设施、餐饮设施、日常饮用水设施进行定期检查，保障校园公共卫生安全。同时，做好应急突发公共卫生事件的预防和控制工作。

3. 大学生安全事故处理

化解矛盾冲突，参与处理有关突发事件，维护好校园安全和稳定，是辅导员的主要工作职责之一。大学生安全事故处理主要是针对在学校实施的教育教学活动或者学校组织的校内外实习实践活动中，以及在学校负有管理责任的校舍、场地及其他教育教学设施和生活设施内发生的，造成在校学生人身伤害、财产损害等后果的安全事故的处理。安全事故发生后，保护学生和学校的合法权益是大学生安全事故处理的主要目的和原则。大学生安全事故处理主要包括事故的调查取证、事故责任的认定、事故损害的赔偿和对事故责任者的处理四方面的工作。

第一，事故的调查取证工作是事故处理中十分重要的一个环节，它是弄清事故发生的经过、查找事故原因、有效控制事故的重要步骤，学生人身和财产发生一般伤害、损失后，通过及时调查处理，开展相应的调查取证工作，以获取事故发生的一手资料，找出事故发生的根本原因。在校园内，发生诸如学生非正常死亡、重伤或被窃、失火等突发公共事件造成人身和财产重大损失时，辅导员应保持沉着冷静，迅速采取措施进行抢救和保护现场，并及时通知学生家长。同时，加强思想政治教育工作，稳定学生情绪，恢复正常的教学和生活秩序，协同有关部门妥善处理。在调查取证的基础上，形成调查报告及时向学院、学校，以及相关主管部门汇报。

第二，安全事故责任的认定是在事故调查取证后，对各种证据资料汇总和分析的基础上，进行相应事故责任的判定。在安全事故责任认定的过程当中，主要依据相关法律法规及有关规定，对学校、学生或其他相关当事人进行责任认定工作。安全事故责任的认定，主要是根据事故相关当事人的行为与损害后果之间的因果关系依法确定。由于学校、学生或者其他相关当事人的过错所造成的安全事故，依据相关当事人在事故中行为过错程度及其与事故损害后果之间的因果关系认定其承担相应的责任。当事人的行为是事故损害后果发生的主要原因，应当认定其承担主要责任。当事人的行为是事故损害后果发生的非主要原因，应当根据实际情况认定其承担相应的责任。

第三，对所发生的事故负有责任的组织或个人，按照法律法规的有关规定，确定其承担相应的损害赔偿责任。在赔偿的范围与标准上，按照有关行政法规、地方性法规，或者依照最高人民法院司法解释中的有关规定执行。对于参加了学校集体组织的意外伤害保险、责任保险等险种的学生，积极主动帮助学生做好保险的受理和赔偿工作。在事故发生后，根据投保险种和投保公司的不同规定，帮助学生及其家长做好相应的报案工作、报销凭证的准备工作，以及相关证明的开具工作等。

第四，对事故责任者的处理，根据责任主体在事故中的具体情况，对事故责任者进行相应的责任追究。对造成安全事故负有责任的学生，依据事故实际的情况，以及对事故责任的认定进行相应的处理。因违反学校纪律而应对事故的发生负有责任的学生，根据学校相应的管理规定，诸如学生违纪管理规定、公寓管理规定、校园治安秩序管理规定等给予相应的纪律处分。因触犯刑律而对事故的发生负有责任的学生，交由司法机关依法处理。在对学生责任主体进行处理时，本着教育为主、处罚为辅的原则，使负有责任的学生通过事故教训受到安全教育，从而改正自身不良思想倾向和行为习惯，充分认识到安全对自身和他人的重要性。

（二）大学生安全管理的重点工作

高等学校学生安全教育及管理，应以预防为主。在对各类安全事故的预防工作中，尤其要防范涉及教育系统突发公共事件的发生。因此，对校园突发公共事件的预防与控制是大学生安全管理的重点工作。

随着高等教育的发展，影响高校安全的因素增多，各类突发公共事件时有发生。从高校安全工作的角度来说，突发公共事件，是指突然发生，造成或可能造成重大人员伤亡和财产损失，影响高校稳定和大学生安全的突发公共安全紧急事件。与其他安全事件相比，突发公共事件具有涉及范围广、影响时间长、损失程度大的特点，严重地影响着高校的稳定和大学生的安全。因此，预防和控制校园突发公共事件是大学生安全管理的重点工作，做好校园突发公共事件的防控工作，争取达到重心突出，以点带面，有效地保障大学生的安全，促进其全面健康成长。

有针对性地帮助大学生处理好学习成才、择业交友、健康生活等方面的具体问题，是高校辅导员的主要工作职责之一。因此，在大学生安全管理工作中，辅导员必须对这类事件的多发态势开展有针对性和实效性的安全管理工作。一是要贴近实际，贴近生活，贴近学生，定期开展对传销、外宿学生的调查和走访工作，了解真实的情况和问题，不断增强工作责任感和紧迫感。二是要积极开展主题宣传教育活动，提高学生防范意识和能力。三是要进一步加强对大学生的教育和管理，提高工作的针对性和实效性，防止传销等不法活动向高校学生渗透。

三、大学生安全管理的原则与实施策略

大学生安全管理的原则是管理者从事安全管理活动时应遵循的基本行为准则。辅导员作为大学生安全管理工作的重要组织者、实施者，在大学生安全管理中必须遵循各项原则，有针对性、时效性地搞好实施策略，开展好各项管理活动。

（一）大学生安全管理的原则

大学生安全管理的原则是在大学生安全管理工作的实践中形成的，体现了大学生安全管理的客观规律，是大学生安全管理必须遵循的准则。大学生安全管理工作遵循的主要原则有保护学生原则、教育先行原则、明确责任原则和教管结合原则。

1.保护学生原则

保护学生原则是指在大学生安全管理工作中，以学生为主体，依据大学生生活、学习和成长的需要，针对大学生的知识结构和年龄特点，开展安全教育和管理活动，保障大学生的人身安全和财产安全，促进大学生的健康成长。保护学生原则充分体现了高校以人为本的办学和管理理念。对大学生安全的保护要靠管理，这种安全管理不是消极、被动的管理，不是为了管理而管理、出了事故才管理，而是积极、主动的管理，是充分了解学生安全需要、针对大学生群体特点的管理。因此，贯彻保护学生原则，应注重研究群体与群体之间、群体与个体之间、个体与个体之间的关系问题。贯彻保护学生原则，应把个体教育与群体管理结合起来。在重视个体的主体地位，突出大学生安全管理对个体的教育职能的同时，注重对群体的管理职能发挥，并将两者有机地结合起来。同时，还要充分发挥和调动大学生的主体性，使大学生切身体验到大学生安全管理工作对自身发展的重要性，把外在的教育转化为大学生自身的个人安全意识，组织他们积极参加各种安全教育活动，实现自我教育和自我管理，并最终转化为自己良好的行为习惯。

2.教育先行原则

教育先行原则就是在大学生安全管理中，注重发挥安全教育的预防作用，通过课堂教学和课外实习实践，利用各种宣传、教育活动，使大学生掌握安全知识和安全技能，明确安全管理的重要性，理解安全防范的重要意义，自觉地参与到安全教育和管理活动中来。大学生安全管理工作要以预防为主，而要做到预防为主，就必须以教育为先导，通过安全教育，使大学生充分认识预防工作的目的和意义，以此来使大学生认识安全工作。在大学生安全管理工作中，认真贯彻落实教育先行原则，重视安全管理中的教育工作，使安全教育充分发挥其预防作用，帮助大学生树立起正确的安全防范意识，掌握安全常识，具备安全防范技能。避免安全教育形式化、表面化，从预防为主的安全管理工作重心出发，来理解教育先行原则，高度重视大学生安全教育工作。教育先行原则还应重视对大学生安全技

能的培训，克服单纯注重安全知识教育而忽视安全技能培训和实习实践的思想和倾向。

3. 明确责任原则

明确责任原则是指在大学生安全管理中，建立健全岗位责任制，完善大学生安全管理的队伍建设，实行责任追究制度。贯彻明确责任原则，有利于调动各方面积极因素做好大学生安全管理工作，有利于大学生安全管理应急机制的建立，有利于建立健全规章制度，加强队伍建设，实现严格管理。贯彻明确责任原则，能够在大学生安全管理中实现自上而下的合力，由主管部门牵头，各有关职能部门分工协作，积极配合，明确各自责任，具体组织实施安全教育和管理工作，使大学生安全管理工作制度化、法律化、长效化。贯彻明确责任原则，能够把责任与权利结合起来，既明确了责任，又充分重视各安全职能部门的各负其责问题，做到责权分明。同时，建立责任评估体系，确立考核指标体系，运用测量和统计分析等先进的方法，对实际效果进行科学的评估。

4. 教管结合原则

教管结合原则就是在大学生安全管理工作中，把安全教育与安全管理两个基本内容有机地结合起来，在充分发挥教育与管理各自的作用的同时，使二者互为条件，相互补充。在安全管理实践中，往往会出现安全教育与管理脱节的现象，贯彻教管结合原则，有利于开展以预防为主的大学生安全教育工作，有利于教育和管理资源的充分利用，使之有机地结合起来，有利于安全管理水平的不断提高。作为教育主体的安全教育和管理工作者，应不断提高自己的安全教育水平，提高安全管理的整体能力，以便更好地贯彻和落实教管结合原则。同时，注意教管结合的工作重心问题，根据不同的时间、地点、不同的工作对象、不同的任务和内容来调整教育与管理的工作重心，做到相互结合，互为补充。

（二）大学生安全管理的实施策略

高校的领导者、管理者、教师都负有对大学生进行安全管理的责任，但从大学生安全管理实施过程的特点和方式看，辅导员的作用举足轻重。辅导员是高等学校教师队伍和管理队伍的重要组成部分，具有教师和干部的双重身份，是高校学生日常思想政治教育和管理工作的组织者、实施者和指导者。因此，大学生安全管理是高校辅导员的重要工作内容之一。辅导员作为大学生安全管理工作的组织者、实施者，应从以下几方面着手开展工作：

1. 以宿舍和公寓为重要阵地，做好大学生的安全管理工作

学生宿舍和公寓既是开展大学生思想政治教育的重要阵地，也是开展大学生安全管理的重要阵地。宿舍和公寓是大学生生活的主要场所，也是安全隐患和安全问题相对集中的场所，涉及大学生的人身安全、财产安全、用水用电安全、防火安全、网络安全等。因此，宿舍和公寓是开展大学生安全管理活动的重要场所。

以宿舍和公寓为重要阵地开展大学生安全管理工作，能够使安全管理工作更加贴近大学生学习和生活，贴近大学生真实的安全需要，有利于以更为灵活的方式开展安全知识的教育和普及工作，有利于对存在的安全隐患及时加以处理，有利于引导大学生的思想和行为，促使大学生养成良好的学习和生活习惯。

以宿舍和公寓为重要阵地的大学生安全管理工作，涉及以下三方面：

第一，深入寝室，关心学生生活，主动了解学生的安全需要。大学生安全管理工作中，从想学生之所想，急学生之所急入手，主动了解学生的安全需要，而不是被动地提供安全教育和服务。了解学生真实的安全需求，需要经常深入寝室，扎实开展教育和管理活动，从关心学生的吃、穿、住、用、行出发，与学生交朋友，融入学生集体生活，得到学生的认可和信赖，这样才能与学生交流和沟通，为他们解决现实学习和生活中遇到的安全问题，帮助他们及时解决安全方面的困惑。只有做到真正关心学生生活，并且主动了解学生的安全需要，才能使学生切身感受到安全管理的重要性，主动参与安全管理活动。

第二，严格管理，仔细排查安全隐患。在主动了解学生安全需要的同时，根据学生反映的情况和问题，仔细排查宿舍和公寓存在的安全隐患，特别是关系到学生人身财产安全的隐患，如防火安全问题、用水用电安全问题、公共卫生安全问题等，做到发现一个解决一个，决不麻痹大意。同时，加强对学生宿舍和公寓的安全管理，杜绝学生在宿舍和公寓出现不安全行为，一经发现，根据相应的管理规章制度严肃处理，以达到教育的目的。

第三，强化大学生安全管理的思想政治教育功能。思想政治教育工作在帮助大学生树立正确的安全意识，提高大学生的安全素养方面起着重要作用。在大学生安全管理过程中，充分发挥思想政治教育的功能，通过开展形式多样的安全教育活动，引导大学生的思想和行为，如网络安全行为、交往行为、公共安全行为等，从学习和生活的各方面，引导大学生树立正确的安全意识和安全观念，建立集体安全责任感，从自身做起，自觉遵守安全规章制度，正确处理日常学习、工作和生活中遇到的问题，以有效地推进大学生安全管理工作顺利开展。

2.以案例教育为重点，做好大学生的安全教育工作

对学生开展安全事故的案例教育是大学生安全教育工作的有效手段之一。发生在校园内的安全事故案例接近大学生的日常生活，以这些真实的案例开展安全教育，更具有说服力。在安全教育中，对典型的案例深入分析，弄清事故发生的原因、过程、形式、危害及其规律，能够把安全教育以真实的形态展现出来，往往会给教育者和受教育者留下深刻印象，使大学生真正了解在什么情境会出现这种不安全的情况，出现这种不安全情况的原因，一旦发生类似的情况应该如何去面对和处理，如何运用日常所学到的安全知识和技能去解决问题，起到警示和教育作用。通过对安全事故案例的分析，能够使学生直观地认识和理解树立安全意识、具备安全知识和安全技能的重要性。

以案例教育为重点，做好大学生的安全教育工作，必须关注以下几点：

第一，建立案例教育库，做好大学生安全事故案例的归档、整理工作。在安全教育中，做到有针对性地开展案例教育，需要辅导员在日常安全教育及管理的过程中，注意收集、整理发生在大学校园生活中的，或与大学生人身财产等安全密切相关的典型安全事故案例，建立案例教育库，积累案例影音、图像和文献资料，认真分析研究案例对大学生安全教育的现实意义，并将其科学、有效地运用于大学生安全教育工作中。做好大学生安全事故处理后的归档和统计工作是开展安全教育，建立案例教育库的有效途径。通过对这些案例的比较分析，能够更好地掌握大学生群体对安全方面的认识水平和重视程度，发现安全教育中的薄弱环节，改进教育工作。

第二，根据环境、季节等变化规律，适时地开展案例教育。各类安全事故的发生概率是随着环境的不同和季节的变化、节假日的变化而相应改变的。因此，大学生安全管理应根据环境、季节等相关规律的变化而调整教育及管理的重心。相应地，组织开展案例教育也是如此。有针对性地、适时地设计和组织校园安全教育活动，通过安全知识竞赛、安全知识交流会、安全活动月、专家讲座等形式多样的安全文化活动，开展防盗、防火、防病、防事故的安全案例教育，并使其经常化。这就要求在大学生日常安全管理工作中，注意梳理不同环境、季节、节假日前后安全事故的规律性变化，及时搜集和分析校园安全案例教育的反馈信息，以增强校园安全文化活动和案例教育的针对性、实效性。

3. 以班级和党团组织为依托，引导大学生自我安全教育和管理，实现自我服务

学生班级是学校工作的最基层，是学生的基本组织形式，是学生自我教育、自我管理、自我服务的主要组织载体。因此，大学生安全管理要充分发挥党团组织在教育、团结和联系学生方面的优势，注重依托班级、社团等组织形式，引导学生自我教育、自我管理、自我服务。要注重以班级和学生社团为依托，充分发挥党支部、团支部、学生会组织的带头作用，为大学生创造和搭建良好的活动空间和平台，使其主动参与安全管理工作。大学生的自我安全管理，是高校大学生安全管理工作的一个重要组成部分，是完善大学生安全管理工作的有效途径。

实现大学生自我安全服务，首先要引导大学生实现自我安全教育。大学生自我安全教育是大学生自我安全服务和管理的良好开始，它使大学生由受教育者、被管理者、受保护者的身份，转化为教育者与受教育者的统一体，能够真正做到从群体和自身的安全需求出发思考安全教育问题。大学生的自我安全教育更贴近大学生实际生活，更有说服力和感召力。通过适时的、有针对性的大学生自我教育活动，支持以班级和社团为单位开展安全教育活动，鼓励开展以安全教育为主题的文艺节目演出、安全知识竞赛、安全知识讨论、安全知识信息交流会等活动，以达到自我教育的目的。

大学生的自我安全管理是在大学生自我安全教育基础上的一种管理活动。通过组织开展群体内部以及群体之间的管理活动，帮助和引导大学生群体开展以班级、年级以及社团

为单位的安全管理活动，以达到巩固教育成果、实现自我教育的目标。在大学生安全管理工作中，除了加强对大学生团体组织的引导和管理外，还应注意对大学生自我安全管理组织的培训工作，使大学生团体组织具备相应的安全管理专门知识，知道如何管理，怎样高效地管理。

在大学生自我安全教育和管理的基础上，引导大学生努力实现自我安全服务，有助于培养大学生群体互助意识，培养团队精神，并善于及时发现身边的安全问题和隐患，实现互帮互助，互相交流。通过大学生的自我安全服务，能够加深大学生对安全管理工作的认同，形成人人参与服务，人人共创服务的局面。在大学生安全管理工作中，积极引导和支持大学生自我安全服务活动，充分调动学院、年级、班级及各党支部、团支部和学生会组织带头开展服务学校、服务学院、服务同学的安全服务活动。通过组建大学生安全服务队、大学生安全志愿者协会等大学生社团组织，并为其创造良好的活动空间，使其成为大学生安全管理工作的重要力量。

4. 树立服务学生的理念，妥善做好大学生安全事故的处理工作

强化服务意识，提升服务理念，时时刻刻帮助学生和服务学生是做好大学生安全事故处理工作的出发点和归宿。只有树立服务学生的理念，才能使学生在发生事故、真正需要帮助的时候能够想到教师、信任学校，能够在第一时间通知相关负责人，而不是发生事故后因顾虑对安全事故责任的追究而谎报、瞒报，不敢告知，也不愿意告知，以至于拖延时间，私自处理，造成更加严重的后果。这些都要求大学生安全事故处理工作做到以学生为本，关心他们的切身感受，关注他们的切身利益，真正树立服务理念，做好大学生安全事故的处理工作。

树立服务学生的理念，妥善做好大学生安全事故的处理工作，主要从以下三方面入手：

（1）提高应急反应能力，做到第一时间处理

时间是安全事故处理过程中最为重要的因素之一。安全事故的处理是否及时，直接影响着安全事故损失的大小、影响范围的程度、事故当事人各项权益的保障以及事故责任的认定和追究。因此，在处理大学生安全事故的过程中，必须具备很强的安全事故应急反应能力，争取做到第一时间得到信息，第一时间到达现场，第一时间帮助学生解决实际安全问题。运用快速反应机制，制订事故处理预案，同时，注重发挥学生干部、党员、班委会成员的作用，要求他们经常与教师沟通，在发生安全事故时能够及时上报，以便对大学生安全事故进行及时有效的控制和处理。

（2）把学生的利益放在首位，做到妥善处理

学生安全事故的处理要贯彻落实保护学生的原则，把学生的利益放在首要位置，切实保护学生人身财产安全，维护学生的各项合法权益，依照大学生安全事故处理原则和程序，做到公平、公正、公开地妥善处理。在涉及责任的认定和追究时，本着以合理适度、

教育为主的原则，在事实认定的基础上，根据有关学生安全管理规定进行合理适当的处理，充分发挥和利用安全事故处理过程中的教育作用，引导学生认清安全事故的危害，勇于承担对事故所应负的责任，并且从中吸取事故教训。

（3）以学生为本，做好事故处理后的教育工作

安全事故发生后往往会给学生的心理造成很大的压力，带来情绪和思想上的波动。安全事故的追究和处理也会给学生日后的学习和生活造成一定的影响。帮助和引导学生正确面对安全事故所带来的影响，使他们在今后的学习生活中变压力为动力，是日常学生思想教育工作中必须面对的问题。因此，在安全事故处理后，要特别重视对学生的跟踪教育工作，深入寝室、教室，与他们谈心、交流和沟通思想，为他们减轻心理压力，帮助他们正确认识和对待安全事故所带来的问题，引导学生回到正常的学习生活中来。只有以学生为本，认真、扎实地做好学生事故处理后的思想教育工作，才能更加有效地提升安全管理工作质量，做到防患于未然。

5. 扎实开展调查研究，不断探索大学生安全管理的新内容与新途径

高校辅导员开展大学生安全管理工作要定期开展相关工作调查和研究，分析工作对象和工作条件的变化，及时调整工作思路和方法。需要与时俱进，一切从实际出发，实事求是，重视调查研究工作，对影响大学生安全的因素进行及时搜集、分析和处理，以准确把握大学生安全管理中出现的新情况，根据不同环境和不同学生的特点，不断探索大学生安全管理工作的新内容与新途径。

扎实开展实践调研工作，包括以下两方面：

（1）注重对学生网络行为的调研

当前，互联网络已经成为大学生首选的学习和交流的工具。交流方式的不断创新，实时网络语音交流、自助性聊天室的出现、QQ 群网络的组建、博客网站的兴起给大学生的学习和生活带来很大的便利，这使得他们更容易就喜好和关心的问题相互交换各自的见解和看法。辅导员工作要渗透到大学生的网络生活当中，及时、有效地引导大学生的网络思想和行为，减少和避免不良因素对大学生安全的影响，特别是公共性突发事件的发生对学校、社会的安定与和谐的影响。因此，必须注重对学生网络行为的调查和研究，掌握大学生最新网络行为动态，不断探寻大学生网络行为规律。

（2）重视对学生社会生活的调研

大学生在校期间的学习和生活是有规律性的学校生活。大学生除学校生活外，还处于家庭生活和社会生活环境中，这些校外生活环境对大学生的成长以及他们的学校生活有着重要的影响。因此，重视对大学生校内外社会生活的调查和研究是做好大学生安全管理工作的必然要求。通过对大学生校内外生活的调研，掌握大学生在其他社会生活环境中的实际情况，分析这些情况对大学生学校生活的影响，及时调整大学生安全管理的思路和方法，帮助和引导大学生更好地适应各种社会生活。在调研中，对大学生社会文化生活的调

查和研究是大学生安全管理的重点工作。通过访问调查、普遍调查、抽样调查等社会调查方法，力求掌握大学生社会生活第一手资料，在分析、归纳和总结的基础上，梳理社会生活对大学生积极和消极两方面的影响，找到克服不良社会因素对大学生学校生活的影响的思路和办法，引导大学生正确面对并积极参与社会生活。

四、大学生资助管理

随着高等教育的改革与发展，大学生资助管理成为高校管理工作的重要组成部分，如何帮助家庭经济困难学生顺利完成学业，实现资助与育人相结合，如何促进大学生全面成长成才，成为高校管理和教育面临的问题。为此，本节从大学生资助管理和大学生勤工助学管理两方面论述了资助工作的意义、原则和内容。

（一）大学生资助管理概述

大学生资助工作是一项政策性强、涉及面广的重要工作。目前，我国已初步形成"多元混合"式的高校家庭经济困难学生资助体系，涵盖奖学金、国家助学贷款、勤工助学、困难补助、学费减免和绿色通道等基本内容。多层次、多项目的资助体系基本解决了学生的实际问题，有效促进了教育公平，但在实际运行中，大学生资助工作的制度设计、政策运行、队伍建设和育人实效等还有待于进一步加强，为此，本节将着重介绍大学生资助管理的内涵和意义。

1. 大学生资助管理的内涵及意义

（1）大学生资助管理的内涵

大学生资助管理主要是指以国家教育方针和资助政策为依据，科学、合理地统筹、确定、落实、评估各项资助项目，在帮助家庭经济困难学生解决经济困难基础上，注重发挥资助工作的育人功能，全面提升家庭经济困难学生的综合素质，实现资助与育人的有效结合的育人体系。

（2）大学生资助管理的意义

党和政府一直高度重视大学生资助管理工作。大学生资助管理是构建社会主义和谐社会的基本要求。当前，社会成员对高等教育的需求随经济增长不断加大，但由于地区经济和家庭经济之间的差异，一些贫困地区和家庭经济困难的学生顺利入学、安心读书、全面发展的愿望受到了一定的阻碍，客观上影响了高等教育人才培养目标的实现，对和谐社会的建设进程势必造成一定影响。加强大学生资助管理是落实国家高等教育资助政策，建立健全高校家庭经济困难学生资助体系的有效保障，从实践层面解决了经济困难家庭的教育负担，有利于学生的全面成长，体现了党的教育方针和执政为民的宗旨，有利于推进社会主义和谐社会的进程。

大学生资助管理是促进教育公平和高等教育全面协调可持续发展的重要举措。收费并轨和扩大招生是高等教育适应社会经济发展需要而实施的两项重大改革。这些举措适应社会经济快速发展的需要，有利于提高国民素质。与此同时，也确实存在一些家庭经济困难学生，由于经济原因不能顺利接受高等教育，影响了教育公平。教育是民族振兴的基石，教育公平是社会公平的重要基础。大学生资助管理正是通过向家庭经济困难学生提供经济资助和能力培养，确保家庭经济困难学生享有同样的高等教育入学机会和接受高质量教育的机会，成为促进教育公平和高等教育协调持续发展的重要举措。

大学生资助管理是培养高素质人才的客观要求。我国在创新型国家的发展进程中，需要大量高素质的人才。但家庭经济困难学生因经济条件限制，正常学习和生活需求都无法得到满足，更无法谈及满足其发展需求，致使个人成长成才被客观条件所阻滞，个人潜能不能得以充分发挥。加强大学生资助管理，建立健全家庭经济困难学生资助体系，关心和帮助家庭经济困难学生接受高等教育，满足其学习、生活、发展的迫切需求，解除后顾之忧，顺利完成学业，能为建设人力资源强国输送更多的人才，能够保障家庭经济困难学生通过高等教育，充分发展个人潜能，实现成才愿望，实现其自身价值和社会价值。因此，加强大学生资助管理是培养高素质人才的客观要求。

大学生资助管理是高校育人工作的重要内容。大学生资助工作曾被一部分人错误地认为只是对家庭经济困难学生实施经济救助，其工作重点仅在于解决家庭经济困难学生所面临的经济困难。因此以往的大学生资助管理在人们心中被定格为组织实施物质层面的狭义资助。事实上，大学生资助管理是高校育人工作的重要内容，它以经济资助为载体，在帮助家庭经济困难学生解决经济困难的过程中，向学生传递党和国家对他们的关爱，激励大学生自立自强、积极向上，使他们的意志和能力在困难面前不断得到锤炼和升华。完善的大学生资助管理发挥着在"物质上帮助学生，精神上培养学生，能力上锻炼学生"的作用，是高校育人工作的重要组成部分和重要内容。

2. 大学生资助管理的内容

大学生资助管理的主要任务是帮助家庭经济困难学生解决经济困难，同时加强学生综合素质培养，实现资助育人的目标。大学生资助管理的内容，主要包括资助资源的筹集及管理、家庭经济困难学生评定、资助项目的设计与实施、资助工作信息化建设和教育培养等五方面内容：

（1）资助资源的筹集及管理

资助资源是指学校用于资助家庭经济困难学生的资金和物品。高校资助工作的一项最基本的任务就是对家庭经济条件困难的学生进行经济补助，因此，拥有充足的资助资源是进行大学生资助管理的前提和保障。目前，高校用于家庭经济困难学生的资助资源主要来自四方面：国家投入、银行支持、学校投入和社会捐助。

①在资助资源筹集方面，要广开门路、多方筹措，努力丰富资助资源。"从长远来看，

从根本上确保资金投入的持续发展要处理好两个问题。一是要巩固发展成果，确保已建立起的政府、学校和银行资金投入的可持续发展。既要坚持国家政策，从学费中提取资助经费，也要确保以银行为投入主体的助学贷款的良性发展。助学贷款具有可循环使用的特点，是世界各国公认的最佳资助投入方式，也是最可持续的资助资金投入方式。"要保证学生获得助学贷款的可持续性，高校应当注重强化对学生进行诚信教育，并注重完善失信惩戒机制，以此来保证学生的贷款还款率。同时，也要"总揽全局，协调好校源地助学贷款和生源地助学贷款的关系，确保二者互相促进、共同发展"。二是要开辟新的发展领域，充分调动其他非政府组织的资助资金投入热情。一方面需要政府创设良好的社会环境，通过税收优惠等政策，鼓励企事业单位把闲置资源集中起来投入到资助家庭经济困难学生中来，最大限度地解决大学生的实际问题；另一方面，高校要积极与社会各界取得联系，畅通渠道，争取社会团体或个人通过设立基金、设置资助项目、提供勤工助学岗位等方式广泛筹集资金，帮助经济困难学生顺利完成学业。

②在资助资源管理方面，要做到专款专用，严格管理，加强监督，规范使用资助资源。国家要求各高校"要严格管理，强化监督，通过完善制度，规范程序，细化管理，确保资金专款专用"，因此，在资助资源的管理上应着重做好两项工作：第一，完善制度，严格程序。完善各项资助资金的使用、审批制度。严格制定并实施家庭经济困难学生评定、资助项目评审、资助金发放等工作程序，使各项资助资源的使用都能做到公正、公开、公平。第二，保证专款专用。保证专款专用就是要做到两点：一是从宏观上保证所有的资助资源都用于资助家庭经济困难学生。二是对有特定资助对象要求的资助项目，要严格遵守资助项目要求，确保专项使用，发挥其特有资助功能。

（2）家庭经济困难学生评定

资助工作最基本的目标是实现公平，而实现公平的最基本前提是确保评定的准确。家庭经济困难学生评定工作是资助管理必须解决的首要问题。这一问题的解决包括以下两方面内容：

①确定合理的家庭经济困难学生评定标准。家庭经济困难学生的评定标准包括两方面。首先，要确定对家庭经济困难学生进行资格认定的条件标准。家庭经济困难学生是指学生本人及其家庭所能筹集到的资金，难以支付其在校学习期间的学习和生活基本费用的学生。这就是说可以通过对学生家庭收入与支出的比较来评定学生是否困难。比较方式一般有三种，第一种是以收入与支出的差为标准；第二种是以收入与支出的比例值为标准；第三种是以收入与支出之间的线性关系为标准。具体采用哪种方式，要结合实际情况来确定。其次，要确定对家庭经济困难学生进行分类的标准。分类可按照国家的要求："合理确定家庭经济困难学生的认定标准……认定标准可设置一般困难、困难和特殊困难等2～3档。"分类是为了更有针对性地实施资助。分类标准的确定要建立在大量的、科学的数据分析基础上，参考指标包括影响家庭经济收入和支出的各项因素，一般而言家庭收入支出、教育支出、家庭成员患病支出、家庭人口数、子女上学情况等因素是较为关键的

参考指标。

②确定科学的家庭经济困难学生评定程序。科学合理的评定程序要保证家庭经济困难学生评定过程中信息采集的准确性、评价指标的科学性和评定过程的公正性，以期实现家庭经济困难学生评定的准确。科学合理的评定程序应包括以下三个环节。

首先，采集学生信息。信息采集的基本任务是全面地了解学生经济困难信息。学生的困难信息不是一成不变的，信息采集工作不能一劳永逸。全面采集学生信息包括两方面，一是在起点上全面收集信息。综合采用学生学子卡数据流分析、生源地电话访谈、学生档案查阅、日常生活观察等多种渠道，全面采集学生家庭收入、人口数、教育支出、医疗支出等反映学生家庭经济状况的关键信息。二是在过程中动态管理信息。建立学生资助信息软件管理系统，及时、全面地存储、分析和动态更新学生的信息。动态更新一般包括三方面，一是定期进行整体更新，二是遇到重大突发情况及时更新，三是学生有变化随时更新。

其次，测评家庭经济困难程度。根据采集到的反映家庭困难程度的信息，判断学生是否符合家庭经济困难学生条件标准，如果符合再进一步划分困难类别。影响评定学生家庭困难程度的因素多而复杂，通过量化测评可以得出较好的结论。量化测评的必要性源于学生困难信息的多源性。信息的多源性，是指对被观测对象的各种属性或特征以及背景或环境给出的定量表示或定性描述。学生困难信息具有显著的多源性特点，困难信息中有学生家庭收入、学生求学支出等直接的经济信息，也有家人健康状况、人口数、生源地等非经济信息。有家庭人口数、收入总额等定量表示，也有家庭房屋状况、家庭成员身体健康情况等定性描述。这些信息，仅靠个人经验是难以科学评价的，必须找到恰当的信息表达方式。因此，通过建立学生经济困难量化测评模型，对学生海量信息进行综合分析与量化测评，可以更好地开展家庭经济困难学生评定工作。量化测评模型要求能体现出各个量化因素在评定学生家庭困难程度时的比重，并且能根据输入反映学生家庭经济情况的各项指标，判定出学生家庭困难程度。通过这个模型对学生的困难程度进行统一的量化测评。这个模型可以采用数学建模的方式构建，并通过选取样本进行反复验证和修正，最终才能应用到测评中。

最后，民主评议个性修订测评结果。量化测评的批量性及困难因素的复杂性，决定了评定结果个体的非绝对准确性，因此需要对评定结果进行民主评议。民主评议应由民主评议小组组织实施。民主评议小组可由辅导员、一定比例的学生干部代表及学生代表组成。民主评议的关键在于评议小组成员能最大限度地提供被评议学生的相关信息，及时修正认定结果。民主评议时，重点做好四个环节的工作。一是了解学生在校期间的消费情况，将其作为判断学生经济困难情况的参考。二是由辅导员教师组织年级同学对申请同学在日常消费、生活情况等方面进行评议，根据评议结果对量化测评结果进行调整。三是公示评定结果。通过民主评议尽可能保障评定结果的公正与准确。四是动态调整家庭经济困难学生名单。因为学生家庭经济情况是动态变化的，所以经济困难学生名单也应该是动态调整的，从而确保资助的准确性。

(3) 资助项目设计与实施

资助项目设计是指对国家、社会和学校所提供的资助资源进行有效整合，确定具体资助项目的条件、对象、额度等，为确保资助效益奠定良好基础。资助项目的科学设计是资助工作公平、有效的根本保证。随着国家资助力度的加大，高校用于家庭经济困难学生资助的资源越来越多。如何科学、合理地规划资助资源、设计资助项目，充分发挥资助资源的最大效益，既是高校学生资助管理的核心内容，也是高校资助工作面临的重要课题。

在设计资助项目时，应重点把握两个原则。首先，以鼓励自强为原则，引导学生通过国家助学贷款、勤工助学来解决经济困难，尽量缩减大额无偿补助。通过助学贷款可以激发学生努力上进的积极性，促使学生树立自立自强、诚实守信意识。通过勤工助学可以使学生获得一定报酬，解决生活困难，同时锻炼自身能力、提高综合素质。通过缩减大额无偿补助减少学生因为接受补助而承担的心理负担或产生的"等、靠、要"等依赖思想。其次，要紧贴学生需要，满足学生的个性化需要。高校应当结合学生的实际经济状况、个人能力、日常表现、心理特点等多种因素，为学生量身设计符合其需要的切实可行的资助项目，实现"常规资助与临时资助相结合，大额资助与小额补助相结合，基于需求的资助与基于能力的资助相结合，无偿资助与有偿资助相结合，打造一个'资助项目自选超市'，让不同类型、不同需求的学生都能找到他们需要的资助项目"。例如针对大一新生中的经济困难学生对大学不适应、缺少勤工助学机会和能力的特点，设立新生专项补助；针对毕业年级困难学生在就业和考研中需要大额开支面临的困难设立毕业年级专项补助；针对家庭特别困难学生不舍得花钱吃饭的困难情况设立营养支持补助。中秋节等重大节日发放节日慰问补助；争取利用社会和学校的捐赠物资对困难学生进行实物资助；等等。

在实施资助项目时，要采用恰当的方式、程序，确定每个家庭经济困难学生应获得的资助项目类别、额度等，确保资助工作公平、高效。首先，统筹实施资助项目。一是要统筹规划资助项目。将所有项目有效整合，并"定期公布学校的全部资助项目，集中申请、审批，以便学生合理选择和总体统筹，使有限的资源得到最优化的配置"。二是实行额度封顶。学生所获资助款总额不应超过额度封顶值，避免资助款在少数困难学生中过分集中，使资助资源不能得到合理有效的配置。其次，个性化实施资助项目。依据学生特点及实际需求，给予学生相应的资助项目及额度，确保获得相应的资助，提高资助的效果及效率。再次，要完善资助项目的评定程序，以公平、公正、公开为主要原则，认真履行评审程序，严格执行评审条件，不徇私情，同时要切实做好宣讲、公示工作。

(4) 资助工作信息化建设

学生资助工作涉及大量动态数据，业务量大且办理程序烦琐，尤其对各项工作的准确度要求很高。而科学、高效的信息管理、情报分析、业务操作是做好资助工作的重要保障。为此，构建大学生资助信息平台，通过信息化手段开展资助工作，是实现大学生资助管理的高效率和高效益的必然要求。资助工作信息管理包括以下三方面。

①动态维护信息，准确把握学生信息。资助工作涉及学生个人信息、家庭信息以及受资助情况、贷款情况、勤工助学情况等多方面的大量信息。传统的通过纸质或电子表格管理的方式信息分散、错误率高且容易丢失，而通过信息管理系统可实现各项资助信息的准确、动态管理，并且提供即时查询功能，为资助管理提供信息支撑。

②实现网上办公，提高工作效率。资助工作的各项业务工作量大且操作烦琐。通过资助信息管理系统可以整合包括困难生评定、国家助学贷款申请审批、资助项目评定、勤工助学管理等各项资助工作业务，使资助工作业务的办理更加科学、规范和高效，为资助管理提供业务支撑。

③科学统计分析数据，提供决策参考。资助政策的制定、资助项目的设计必须依据学生的实际，精准的情报分析对资助工作具有重要的指导作用。通过信息管理系统可实现各项数据的及时、准确统计，使资助工作管理人员及时把握学校资助工作整体情况，为决策提供科学参考，为资助管理提供情报支撑。

（5）家庭经济困难学生教育

资助工作在解决家庭经济困难学生实际问题的同时还担负着育人的责任。"各学校要从解决学生的实际困难出发，结合国家实施新资助政策的契机，结合学校的思想政治教育工作，做到物质上帮助学生，精神上培育学生，能力上锻炼学生，发挥资助与育人的双重功效。"在大学生资助管理中，资助育人是在学校育人的大背景下进行的，需要教育管理工作者找准经济困难学生面临的特殊问题、亟待解决的突出问题和影响学生成长成才的关键问题，有针对性地进行教育。

①开展诚信教育，增强学生的诚信意识。诚信是中华民族的传统美德，是一个人立身处世的行为准则，是对一个人价值评判的重要标准。诚实守信是对大学生的最基本要求，但从当前情况看，高校家庭经济困难学生恶意欠费、到期不还助学贷款、在评定经济困难程度时弄虚作假等现象仍然存在。在大学生资助管理中，通过结合实际工作开展诚信教育，有助于提高学生的诚信水平，有助于提高资助工作成效。学校可以通过形式多样的教育活动，树立学生诚实守信的责任意识。可以通过加强贷款知识的普及和学校关于学生弄虚作假的惩处规定，在制度上约束学生的失信行为。同时，要积极营造诚实守信教育氛围，引导和鼓励学生时时讲诚信，事事彰显诚信。

②开展感恩教育，培养学生感恩情怀。多年来，党和国家一直重视对家庭经济困难大学生的资助工作，每年投入大量的人力、物力、财力。尤其是新资助政策实施以来，国家从政策、制度、机构、队伍、资金上予以保障，确保每位学生不因经济困难而辍学。作为资助政策最大受益者，经济困难学生应具有感恩情怀，饮水思源，以实际行动回报国家。为此，在大学生资助管理中，既要把党和国家的温暖传达给每位学生，也要注重培养学生的感恩意识，使他们懂得感恩，学会报恩。在学生资助管理中，比如，可以组建由全部受资助学生参与的"爱心使者团"，每名成员每学期至少参与一次社会公益活动，通过自发成立、运营的"爱心超市"募集物资，向其他贫困学生提供援助，成立"爱心学校"，组织爱心使者，到社会上的希望中学、农民工子弟学校、聋哑学校进行义务支教，实现困难学生由"他助"到"自助"再到"助人"的精神跨越，激发学生的感恩情怀和社会责任感。

③开展自强教育，树立学生自强自立品质。大学生管理的本质是培养全面发展的人。大学生资助管理的重要目标之一，是要实现学生从"他助"到"自助"到"助人"的转变。同其他学生相比，家庭经济困难学生的自强自立意识更强，渴望通过实现自我改变命运的想法更明显。为此，学校要从满足学生的实际发展需要出发，针对不同教育阶段学生的不同特点开展相应的自强教育，同时鼓励学生投身社会实践，自觉到基层一线去发挥才干，到艰苦的环境里去经受锻炼，到祖国和人民最需要的地方去建功立业。

3. 大学生资助管理的原则

大学生资助管理的核心理念是"以人为本"，在操作层面可以具体化为确保公平、注重效率、崇尚尊重、资助育人。公平是大学生资助管理的根本要求。效率是评价资助管理的重要指标。尊重是对资助工作管理者与学生间关系的基本定位。资助育人是大学生资助管理的重要指归。

（1）确保公平的原则

确保公平是大学生资助管理的基本要求。党的十七大报告指出，教育公平是社会公平的重要基础。胡锦涛强调，要把促进教育公平作为国家基本教育政策。建立健全家庭经济困难学生资助政策体系，就是通过从制度上确保家庭经济困难学生的就学问题，促进教育公平。因此大学生资助管理中要时刻以公平为基本原则。

很多国家的资助政策基本都体现了分配性公平理念，在国外，一般认为均等性的资助并不公平，只有通过不均等的资助才能实现机会均等，达到公平。我们国家当前的新资助体系充分体现了这一观念。在通过绿色通道、助学金等保证学生入学机会和基本生活的前提下，通过奖学金、助学奖学金、勤工助学、国家助学贷款等方式，为学生提供充分争取分配性公平的机会。

资助管理中贯彻公平原则，重在把握四个环节。首先，在资助政策制定时，作为资助工作管理者，要时刻牢记和体现公平原则，确保政策制定的起点建立在充分了解和考虑所有学生的基础上，最好能让学生也参与到政策制定过程中，充分保证学生的发言权、知情权。其次，高度重视家庭经济困难学生评定工作，让所有困难的学生都能进入资助范围，并根据实际情况对学生的困难程度进行分类，为有针对性地实施资助奠定基础。再次，在设计资助项目时，根据学生的不同需求，设立灵活多样的资助项目，划分不同的资助额度等级，保证项目能与学生的需求有效对接。最后，在实施资助过程中，时刻做到政策公开、信息公开、程序透明，并加强资助后的监督工作。

（2）注重效率的原则

效率是评价资助管理的重要标准。提供充足的经费、提高经费的使用效率，是教育资源分配的核心原则。社会经济和高等教育的发展，都特别重视投入资金的使用效率。这就使得有效地使用有限的教育资源成为各国高等教育财政尤其是大学生资助政策中的一项不容忽视的指标。

资助是一种经济行为，是一种教育投资。一个国家在困难学生资助上的投入，除了解决学生的经济困难外，还要获得更多的人力资源、促进国民经济发展。也就是说，资助工作也要考虑个人及社会的教育投资回报率。在我国，新资助政策体系的建立充分体现了效率原则，力图从制度上建立一个长期、规范、系统的资助政策体系，谋求解决家庭经济困难学生经济问题的治本之策、长远之计。

资助管理中，效率原则体现在四方面。一是资助政策的针对性要科学设计。针对不同学生的资助方案，避免出现资助强度偏大或偏小等情况。同时，科学规划、设计资助项目，努力达到不偏大不偏小的资助目标，避免资助资源的浪费。二是资助政策的激励性。在资助项目的设计和实施中不仅帮助学生解决经济困难问题，而且要激励学生努力学习，全面发展，提高人力资本投资收益。三是资助政策的持续性。设计资助政策时要尽量保证持续和稳定，这要求项目本身有持续的资金来源，同时符合学生的长期需求。四是资助实施的高效性。资助工作任务重、要求高。高校要积极整合管理资源，加强机构建设，理顺工作机制，运用信息手段，不断提高工作效率。

（3）崇尚尊重的原则

尊重是对资助工作管理者与资助对象间关系的基本定位。在以人为本理念指导下，资助管理工作要走出客体状态，成为主体，管理者与管理对象之间应是主体间性关系。这种关系的基本特征是平等尊重。

家庭经济困难学生是一个特殊的学生群体，他们更需要平等尊重。他们面临经济困难，有希望获得资助的需求。同时，他们也处在生理和心理发展关键期，有着追求平等和个性、追求知识的需要，资助政策应该能满足这种需要，而不是建立在破坏这种需要的基础之上，因此，我们要格外注意，在资助的同时不要伤害学生的自尊，这就要求在大学生资助管理工作中彻底践行尊重原则。

资助管理中，崇尚尊重主要体现在五方面。一是尊重事实，主要体现为了解学生。只有充分了解家庭经济困难学生的心理、精神、生活等各方面，才能做到设身处地、感同身受，才能给予学生最需要的帮助。二是尊重意愿。是否需要资助，接受何种形式的资助，都要基于学生本人的意愿，不能硬性地机械实施。三是保护学生的隐私。资助工作中，常常涉及大量的学生个人信息，有些属于个人隐私。要注意保护学生的隐私权不受侵犯，避免学生个人信息外泄。四是维护学生的自尊。在资助实施过程中，要充分体现人性化，让学生有尊严地接受资助，不要让学生因受资助而感到尴尬、自卑。五是给予学生充分的关怀。广大青年学生是祖国的未来，民族的希望。对于家庭经济困难学生，资助工作管理者要投入更多的精力，倾注更多的情感，满腔热情、周到细致地从事资助工作。

（4）资助育人的原则

资助育人是大学生资助管理的重要目标。首先，这是以人为本理念在资助工作中的具体体现。以人为本的理念要求所有的教育工作时刻以学生的发展为根本目的。资助管理是学校教育管理中育人的重要方面，也必须以促进学生发展为最终目的。其次，家庭经济困难学生的实际情况，决定了资助育人的必要性和紧迫性。在我国，贫困人口主要体现为失业、下岗、待业等利益相对受损群体，这种状况在短期内是难以彻底扭转的。这就意味着我们的家庭经济困难学生将长期面临经济困难。长期处于贫困状态，会导致学生形成一套特定的文化体系、行为规范和价值观念体系，这些会阻碍学生的发展。因此，资助工作不仅要满足学生在校期间表面的物质需求，确保受教育机会均等，更要满足学生长远发展需求，帮助学生提高综合素质，确保学生能够靠自身力量彻底走出贫困。

资助管理中实现资助育人，一方面，从解决学生的实际困难出发，结合资助工作契机，在资助实施中渗透教育。比如，将国家助学贷款政策与诚信教育密切结合，塑造学生诚实守信的良好品格。积极实施国家助学贷款代偿政策，引导和鼓励学生到国家最需要的艰苦地区、艰苦岗位和基层工作，用自己所学的专业知识努力回报社会。通过奖学金的发放激发学生积极向上、奋发学习的热情。鼓励学生参加勤工助学活动，培养学生勇于面对困难、自立自强、艰苦奋斗的优良作风；另一方面，从满足学生的实际发展需要出发，针对不同教育阶段学生的不同特点，在学校教育大背景下，有的放矢地开展丰富多彩的专项教育活动，取得让学生增信心、长才干的效果。

（二）大学生勤工助学活动的管理

勤工助学是解决学生经济困难的重要手段，目前，已经成为全国高校的共识。勤工助学活动能够引导家庭经济困难学生自立自强，通过自己的合法劳动得到相应资助，同时提升自身的素质。因此，在大学生资助管理活动中，要特别重视对勤工助学活动的管理，确保资助育人的实效，本节将做专门的论述。

1. 大学生勤工助学管理的内涵和意义

大学生勤工助学，是指学生在学校的组织下利用课余时间，通过自己的劳动取得合法报酬，用于改善学习和生活条件的社会实践活动。勤工助学是学校学生资助工作的重要组成部分，是提高学生综合素质和资助家庭经济困难学生的有效途径。通过勤工助学实践，可以更好地帮助大学生培养劳动观念和职业道德，锻炼品格毅力，提高综合素质，实现德智体美全面发展。大学生勤工助学管理，按照国家的文件界定，是指规范管理高等学校学生勤工助学工作，促进勤工助学活动健康、有序开展，保障学生的合法权益，培养学生自立自强精神，增强学生社会实践能力，帮助学生顺利完成学业的一种重要举措。

加强大学生勤工助学管理是实现资助家庭经济困难学生的重要途径。作为大学生资助管理的一部分，大学生勤工助学管理的工作目标也离不开对家庭经济困难学生的资助与教育。在高校经济困难学生资助体系中，勤工助学起着重要的主导作用，与直接为学生发放补助相比，勤工助学鼓励家庭经济困难学生通过劳动付出获取工资报酬，降低了资助带给学生的精神负担和舆论压力，是帮助家庭经济困难学生减轻经济负担的重要途径。

加强大学生勤工助学管理是提高大学生综合素质的有效形式。大学生在高等教育中通过课堂、实践两种途径获取知识，提高能力。现代高等教育十分注重实践育人，遵循大学生的成长规律和教育规律，积极引导广大学生在服务社会的实践中提高自身素质，为学生增强自身综合素质提供实践机会和平台。大学生勤工助学是校园与社会的衔接点，通过勤工助学可以使大学生学以致用、提高自身综合素质。加强勤工助学管理可以为大学生在实践中检验、提升理论知识创造条件，同时也通过事务、管理、服务等类型的具体工作，锻炼学生表达、组织、沟通、协调等实际能力，成为高等教育中提高大学生综合素质的有效形式。

加强大学生勤工助学管理是推进大学生思想政治教育的重要举措。新形势下，资助经济困难学生成为大学生思想政治教育的有效途径，勤工助学作为一种重要的资助形式，不但可以解决学生的经济困难，更能培养学生艰苦奋斗精神和自立自强品格。同时，大学生通过勤工助学感受合作、交流、竞争的社会氛围，这一过程是高校大学生思想政治教育的有效延伸，有利于大学生在具体环境中全面客观地观察问题、分析问题、解决问题，正确分析和评价现实生活中的各种社会现象和矛盾，树立正确的世界观、人生观和价值观，以指导自己的实际行动。大学生还可以通过勤工助学加强自身教育，树立良好的劳动观念和道德观念，增强社会责任感与自立自强意识，努力成为合格的建设者和接班人。

2. 大学生勤工助学管理的内容

大学生勤工助学管理中，岗位开发是前提，岗位管理是基本任务，学生培训与管理是核心内容。

（1）勤工助学岗位开发

勤工助学岗位可以分固定岗位和临时岗位。固定岗位是指持续一个学期以上的长期性岗位和寒暑假期间的连续性岗位。临时岗位是指不具有长期性，通过一次或几次勤工助学活动即完成任务的工作岗位。本着立足校园，服务社会的原则不断开辟勤工助学岗位，满足学生对勤工助学岗位的需求。

①深入挖掘校内资源，努力开发校内勤工助学岗位。深入挖掘校内资源，开拓更多的校内岗位，是勤工助学岗位开发的重点。学校资助管理部门可以根据具体情况，主动与校内行政机关、教学单位、科研单位、校办产业、后勤服务单位联系，建立长期合作关系，为学生提供助研、助教、助管岗位。在开发勤工助学岗位时，应把握育人原则，侧重于开发有助于大学生专业学习和综合素质提高的勤工助学岗位。在开发勤工助学岗位时，应注重将大学生所学专业知识、社会需要和创业机会有机结合，根据学生的专业优势和技能特长，积极开发和学生专业密切结合、有利于学生发展的岗位。

②主动拓展校外渠道，积极开发校外勤工助学岗位。勤工助学活动既要立足校内，同时也要面向社会拓展。随着学生对勤工助学岗位需求的增加，校内岗位空间的逐渐饱和，开发校外勤工助学岗位已成为重要的工作内容。学校要主动与社会企事业单位联系，介绍学校的家庭经济困难学生情况，争取开发更多的社会勤工助学岗位。

③建设勤工助学实体，孵化勤工助学岗位。勤工助学实体是指在学校指导下，由学生自主经营、管理的勤工助学性质的营利实体。在不影响学校正常教学、管理秩序的条件下，通过建设勤工助学实体既可以丰富学校勤工助学基金的来源，同时能够孵化一批勤工助学岗位。同时，在经营、管理实体的过程中，为学生提供充分的展示空间和实践载体，真正发挥勤工助学的育人功能。

（2）勤工助学岗位管理

勤工助学岗位管理主要包括以下三方面内容：

①统一管理勤工助学岗位。勤工助学活动应由学校统一组织和管理，这是保证勤工助

学活动健康开展的前提条件。《高等学校学生勤工助学管理办法》规定，勤工助学活动不能影响学校正常教学秩序和学生正常学习。为此，有意愿开展勤工助学活动的单位或个人，要到学校学生资助管理机构申请登记，经学校学生资助管理机构批准后方可招聘学生进行勤工助学活动。

②合理分配勤工助学岗位。勤工助学岗位分配是勤工助学管理的重要环节，勤工助学岗位分配公平与否直接影响着资助公平能否实现。因此，要科学合理地分配勤工助学岗位，应坚持信息公开、扶贫优先和竞争上岗的原则。勤工助学岗位分配一般包括以下环节：第一，对申请勤工助学学生基本信息进行整理、分类，形成勤工助学学生信息库；第二，对学生进行岗前培训，使学生了解和掌握勤工助学基本常识；第三，结合不同年级、不同专业学生特点和学生特长，对学生进行初步分配；第四，对分配到岗的学生进行试用，试用期考核合格的学生，与用工单位签订协议书，考核不合格的，等待重新分配。

③实现勤工助学岗位流动。勤工助学是最受学生欢迎的资助方式，而高校勤工助学岗位毕竟是有限的，往往供不应求。在勤工助学管理中，要定期对岗位进行核定，实行岗位轮换。实现岗位流动可以缓解岗位不足的问题，保证更多的人参与到勤工助学活动中。

（3）勤工助学学生管理

学生既是勤工助学活动的主体，也是勤工助学管理的主要对象。在勤工助学管理中要加强对学生教育、管理，使学生在勤工助学活动中得到充分的锻炼和培养，充分发挥勤工助学资助和育人的双重作用。勤工助学学生管理主要包括岗位培训、安全保障、教育管理和薪酬管理等四方面内容。

①岗位培训。培训是提高勤工助学学生综合素质的重要手段，是实现勤工助学资助育人功能的重要环节。勤工助学培训包括岗前培训和在职培训，贯穿着从学生申请勤工助学岗位到学生从事勤工助学活动的整个过程。岗位培训的内容主要有三方面：一是勤工助学常识，使学生了解勤工助学基本业务流程，勤工助学活动中常见问题及解决途径；二是勤工助学工作需要的基本技能，包括着装礼仪、人际交往、办公软件等，使学生掌握工作技能，尽快适应工作；三是法律法规，如《高等学校学生勤工助学管理办法》《中华人民共和国劳动法》《中华人民共和国合同法》等，使学生了解在勤工助学过程中应有的权益，常见权益纠纷及解决途径，使学生学法、懂法、依法做事。

②安全管理。由于大学生涉世不深、阅历不足，在组织大学生参与勤工助学活动时，要严格管理，加强对学生进行安全教育，保障学生在勤工助学活动中的安全和权益。

首先，在开展勤工助学活动前，采取严格审查资格，确保用工信息的可靠性。对用工需求，尤其是校外用工需求，严格核实用工单位或个人信息，防止学生上当受骗。主要核实两方面内容：一是用工单位或个人的资质。在用工单位或个人提出用工需求时，务必要求对方提供有效证件，明确用工单位或个人的身份。二是用工信息的真伪。在核实用工单位或个人身份后，结合用工方需求信息，结合用工方经营业务或工作，通过其上级主管部门或工商行政部门等途径核实其用工信息的真伪。

其次，签订劳动协议，确保学生在勤工助学过程中的合法权益得以保护。学生在校内开展勤工助学活动的，学校学生资助管理部门必须与学生签订具有法律效力的协议书。学生在校外开展勤工助学活动的，学生勤工助学管理服务组织必须经学校授权，代表学校与用人单位和学生三方签订具有法律效力的协议书。签订协议书并办理相关聘用手续后，学生方可开展勤工助学活动。

最后，加强对用人单位招聘和使用学生过程的监督。对有损学生合法权益的行为，应予以纠正其或取消用人单位招聘学生勤工助学的资格。切实保障学生勤工助学应得的合理报酬，防止克扣和拖欠。在勤工助学活动中，若出现协议纠纷或学生意外伤害事故，协议各方应按照签订的协议协商解决。如不能达成一致意见，应按照有关法律法规办理。

③思想教育。勤工助学是社会实践的重要内容之一，要充分发挥好勤工助学的育人作用，开展思想政治教育，使大学生在勤工助学活动中受教育、长才干、做贡献，增强社会责任感。学校要加强对勤工助学学生的思想政治教育，帮助学生树立自立自强精神，勤俭节约意识；引导学生拓展知识面，发挥最大潜能，提高综合素质；培养学生的诚信意识和责任心，鼓励学生诚信行为，培养学生的社会责任感。

④薪酬管理。薪酬是对勤工助学学生付出劳动的回报，对缓解其经济困难有重要作用；同时薪酬是对学生工作行为、工作态度和绩效评价的具体体现，具有激励效果。因此，薪酬管理中应本着公平、公正、公开和按劳分配的原则，既确保经济困难学生的经济需要，又体现一定的激励作用。

3. 大学生勤工助学管理的原则

《高等学校学生勤工助学管理办法》明确指出：勤工助学活动必须坚持立足校园、服务社会的宗旨，按照学有余力、自愿申请、信息公开、扶困优先、竞争上岗、遵纪守法的原则，由学校在不影响正常教学秩序和学生正常学习的前提下有组织地开展。因此，高校勤工助学管理工作应该坚持以下六项原则。

（1）学有余力原则

大学生勤工助学管理以学有余力为前提。大学生在校期间的主要任务是学习。高校开展勤工助学工作、组织学生参加勤工助学活动的最终目的是提升学生的素质能力、帮助学生顺利完成学业，如果学生因为参加勤工助学活动而影响了学习，就会本末倒置。学校资助管理部门要督促学生在保证学习成绩的前提下参加勤工助学活动，并严格控制学生勤工助学活动的时间，按照国家规定，原则上每周不超过 8 小时，每月不超过 40 小时。

（2）自愿申请原则

自愿申请是指尊重学生的主体地位，让学生依据自己的实际情况有选择性地参与勤工助学工作。勤工助学作为一种具有资助和育人双重功能的资助措施，可以帮助学生树立自强自立精神，避免因受助产生的心理压力或"等、靠、要"思想，高校应该努力创造勤工助学条件，鼓励家庭经济困难学生积极参加勤工助学活动。但一定要坚持自愿申请原则，不能因为勤工助学活动的以上优点就硬性规定家庭经济困难学生必须参加勤工助学活动，或以参加勤工助学活动作为获得其他资助的条件。

（3）信息公开原则

大学生勤工助学管理工作坚持信息公开的原则，是指在勤工助学岗位分配、薪酬设置、岗位管理等全过程始终保证信息的畅通，让学生在第一时间了解。学校要定期发布勤工助学需求情况，明确岗位的工作职责和招聘要求，以便学生根据自身情况申请适合的岗位；在薪酬考核中实现透明化、公开化；制定、完善勤工助学各项规章制度，完善勤工助学监督、管理机制。

（4）扶困优先原则

大学生勤工助学管理坚持扶困优先原则，是指安排勤工助学岗位，应优先考虑家庭经济困难的学生。勤工助学作为高校资助体系中一种重要的资助形式，从产生到现在，一直都以资助家庭经济困难学生为主要目的。因此，要首先发挥勤工助学的资助性质，在进行岗位分配时应优先考虑家庭经济困难学生，为其提供通过劳动缓解经济压力的机会。

（5）竞争上岗原则

在勤工助学管理中，坚持竞争上岗的原则，有利于激发学生个人能力的提升，有助于对学生的培养、锻炼和资源的优化配置。岗位竞争的过程为学生提供一个自我展示、自我提升的平台，同时通过社会式的招聘竞争，可以提高学生的竞争意识和竞争能力，有助于提升学生的就业能力。通过竞争上岗使学生更加珍惜工作机会，有利于帮助学生树立自信，培养自立自强的品质。学校要在助困优先的基础上，通过公开竞争使合适的学生到合适的岗位工作，实现资源的优化配置；同时，竞争上岗制度可以实现岗位流动，促进勤工助学活动的良性循环。

（6）遵纪守法原则

大学生勤工助学管理有着工作内容复杂、工作对象多、涉及面广的特点。并且涉及报酬发放、劳务纠纷、学生安全等关键问题。因此，高校应建立健全各项规章制度，并严格实施，使勤工助学活动做到有法可依。学校通过制定规章制度和签订协议来限定学生、用人单位和学校三方的权利和义务，有效组织学生的勤工助学活动。同时，加强对学生的教育管理，规范学生的勤工助学行为。禁止学生参加违法活动和不适合大学生从事的工作，提高学生的维权意识和分辨能力。

第六章　新时代教育与教学管理模式下教师的发展

第一节　新时代教师专业发展途径

一、政府机构组织

政府机构组织的教师专业发展活动主要是指由国家相关教育部门组织的教师培训，并为教师提供其认为有助于教师能力发展的课程。一般而言，政府机构组织的教师专业发展活动通常以政策法规的形式对教师提出学历水平或各种证书取得等方面的要求，然后依托各级各类培训机构提供有助于教师知识更新和能力发展的课程。这是一种"自上而下"的教师专业发展活动，依托以"教师为中心"的教师专业发展模式，培训模式以一对多、自上而下的方式展开，具体就是一组培训者培训一群人，逐级传递一些关键信息。这种"逐级"的培训模式，是"教师为中心"管理系统得以正常实施的一份保证。

二、教师组织

为维护教师这一群体的相关权益，西方在很早便成立了专门性的组织，称为教师组织。教师组织的性质是自发的、民间的、非政府团体，主体是教师，客体包括一些其他从事教育工作的人员。一般教师组织都制定有自己组织的入会标准和规范章程，教师组织服务的宗旨是，为本组织成员争取利益的最大化，提升本组织成员的专业知识和专业素养。

三、教师自主发展

除了政府机构组织、非赢利机构组织、教师组织、校际合作、校本培训等教师专业发展途径之外，教师自主发展也是教师专业发展的一条重要途径，这是凸显教师能动性、主动性的一条途径，这种发展的愿望与需求不是对外在压力的迎合，而是基于自身的发展和需求提出的。教师自主发展一般通过教师行动研究、教师教学反思、建立成长档案袋等活动来完成。

（一）教师行动研究

行动研究是深受一线教师、行政管理人员、教育研究者青睐的一种切实可行的、可操作的研究过程，是教师实现自主发展的一条重要途径。

以一线教师作为行动研究的主体，以一线教师在实践中出现的问题为行动研究的对象，在实践行动过程中，教师发现问题、解决问题、研究问题、设计问题，通过一系列的对"问题"的研究，利于教师的专业成长。行动研究以教师的教学实践为中心，简单、具体且易操作，并且能够及时解决教师教学过程中遇到的问题。

行动研究是一种研以致用的研究方法，可以产生与教师教学实践活动有关的、具体的、直接的结果。这种研究结果关注教学过程中具体的、明确的问题的解决，具有可操作性。行动研究一般需要经过三轮循环来完成，其基本的过程和步骤如下：

第一，计划。计划是行动的第一步，关于行动的思路计划要明确，一些基本的问题，例如明确问题（是什么）、分析问题（为什么）、制订计划（怎么办）等。

第二，行动。计划明确之后，就要把具体的解决问题的思路和方法落实到行动中，这也是行动研究中的核心一步。

第三，观察。在研究过程中，需要对行动的情况进行观察和记录，为行动研究过程与结果提供比较全面、透彻的依据。

第四，反思。正常的行动研究步骤是"计划—行动—观察—反思"，因此，在计划—行动—观察完成之后，反思是对前一阶段的行动结果分析，也是对后一阶段的经验参考，反思的目的是要清楚在上一阶段的研究中出现了哪些问题，解决了哪些问题，从哪些问题中得到哪些经验教训，哪些问题对于下一步的进行有指导意义等。

（二）教师教学反思

教师的教学反思是教师教学认知活动的重要组部分之一，其方法有以下几种。①课后备课。课后备课能够使教师根据教学反馈进一步修改和完善教学设计方案，有助于教师及时总结课堂教学过程中的优势和不足，有效增强教学效果。②课堂观摩。课堂观摩主要是以相互听课的方式来进行，相互听课、磨课可以使教师之间相互取长补短，同时实现资源的共享。③教学日志。教学日志是指教师对所教、所听课的感受的记录，如课堂教学的重难点是否解决？课堂教学是否关注了每一位学生的发展？教学日志是否有效地促进了教师的反思型研究？④教育叙事。教育叙事要求教师能够叙述出自己以合理的方式解决课堂教学中的问题的过程，它能够使教师反思自己的教育教学思路，促进其教育教学水平的提升。

（三）建立成长档案袋

教师成长档案袋是描述教师职业生涯中专业发展的有效工具，能够记录和保存教师成长中的过程性资料。其中包括：

1. 教师个人的基本信息

例如，教师个人简介、所学专业、教学年限、个人爱好等，关于教师工作和学习背景的具体描述。档案袋中的教师个人基本信息详细记录了教师的基本情况，简单明了，根据档案袋可以进一步明确教师专业发展的状况。

2. 教师教学反思记录

教师的自我反思是教师与自我成长的对话，档案袋以个案研究、阶段总结、教学论文等形式完整保存在教师的成长档案中，完善教师的成长。

3. 教师工作内容

例如，教师设计方案、教学录像、研究课题、论文等。教师的工作内容不仅包括教师作为一个教学者所呈现出的内容，更多的还有其作为研究者、学习者、评价者等所呈现出的内容。

一般情况下，教师成长档案袋以纸质档案袋、网络化平台和有实际意义的袋子等方式呈现。教师成长档案袋对于教师梳理自己的教育教学理念和教学风格起到帮助作用；有助于教师在专业化反思中成长和进步，对自己的经验进行系统化的梳理和整理，进行自我评估及发展方向的定位；更重要的是，教师成长档案袋能够有助于学校为教师的专业化发展提供帮助，如对教师进行有针对性的培训和指导、为教师提供系统学习资源等。

第二节　新时代教师信息技术应用能力与建设政策

一、面向信息化的教师专业发展

（一）面向信息化的教师专业发展内涵

1. 教师信息化专业知能（TPC）的发展

在教育信息化的进程中，首先要解决的问题是提高教师自身的信息化水平，即教师信息素养和教师的信息化专业知识与能力（Teachers' professional competence in ICP—supported instruction，简称 TPC）。教师信息化专业知能指教师所具备的信息化知识和运用信息化知识处理问题的能力，它不仅指信息化知识，更强调信息化处理能力的形成过程。

2.教师专业发展过程的信息化

教师专业发展过程信息化指在对教师进行信息化教育的过程中，必须用信息化的方式去发展需要提高信息化能力的教师，要求教师教育机构需要具备信息化的基础设施，采用信息化的教学手段与方法，更新教师教育观念，改进教师教育信息化过程以及评价方式。

通过对面向信息化教师专业发展内涵的剖析，我们清晰地看到面向信息化的教师专业发展既包括教师信息化知能的发展，又包括教师专业发展过程的信息化。教师专业发展过程的信息化，在某种程度上来说最终也是为了实现面向信息化的教师专业知能的发展。

（二）面向信息化的教师专业发展要求

信息化教育是与传统教育相对而言的现代教育的一种表现形态，它以信息技术的支撑为其显著特征，也正是由于将技术引入教育教学中，知识、教师、学生、技术之间形成了一种新型的关系。教师不再是知识的传播者，而是通过帮助学生获得、解释、组织和转换大量的信息来促进学生学习的引导者；学生也不是现存知识的被动接受者，而是借助各种技术工具以协同作业、自主探索的方式进行知识建构、解决问题的学习者。

信息化教学是一种革新的教学方法。正是因为教学的目的、环境、通道、媒体、方式等多方面发生了根本性的转变，所以对教师在信息化环境下的教与学提出了新的要求，即对教师的信息化专业发展提出了新的要求。

教育改革是一个没有终点的旅程。在这个旅程中，不断地学习和发展个人、组织结构，是其中的主旋律。同样，面新的挑战。教师需要学习新的技能、新的行为、新的信念和新的认识。所有这些东西对于教师来说，都是其面向信息化专业发展所需要和要求的。

二、教师信息技术应用能力建设政策

目前，包括美国、韩国、新加坡、澳大利亚、英国、中国等在内的许多国家都出台相应的教师教育信息化政策，旨在通过信息技术有效促进教师的专业发展，进而有效实现教与学的变革。由于这些国家的文化、经济、政治等背景各不相同，在教师教育信息化政策方面的目标和实施途径也各有不同。为了系统地分析上述各个国家有关教师信息技术应用能力建设方面的政策，本节采用内容分析法，从政策内容、政策特点、实施途径和政策评估四个维度开展对比研究，以期为我国相关教育信息化政策的制定提供一定的借鉴。

（一）政策内容

教师信息技术应用能力建设的政策内容，涵盖了各国在教师信息技术应用专业发展方面的主要建设领域，对教师信息技术应用能力建设起到了非常重要的作用。不同的国家在教育信息化发展的不同阶段，关注的领域有所差异。

通过对各国教师信息技术应用能力建设的政策内容进行梳理和对比，发现各国教师信息技术应用能力建设的政策内容主要包括职前教师培养、在职教师培训、信息化领导力培养和教师信息技术应用能力标准四方面。

各国都关注职前教师的信息技术应用能力培养、在职教师的信息技术应用能力发展以及学校领导和管理人员的信息化领导能力发展。并且，各国在教育信息化发展的不同阶段，其关注的内容各有侧重，具体表现为从关注职前教师信息技术应用能力培养到关注职前教师培养和在职教师培训、认证、考评一体化，再到利用信息技术实现教师持续化、终身化的专业发展。

另外，各国注重通过制定相应的教师信息技术应用能力标准、建立相应的教师评聘和认证考核的制度体系，来共同促进教师信息技术应用能力的建设。

（二）政策特点

在政策制定中，不同的国家呈现出不同的特点。由于各个国家经济、文化、社会等的差异，教师信息技术应用能力建设的政策也呈现出不同的特点。

教师信息技术应用能力建设主要呈现三个特点：应用驱动、连续性和立体化。首先，为了调动学校和教师对信息技术应用能力建设的积极性，鼓励由国家给出相应的建设建议，学校和教师根据自身发展的需求，在应用驱动的前提下，选择最合适的发展项目和途径。其次，各国非常注重教师信息技术应用能力建设政策制定的连续性。在实施下一次建议规划的开始，结合上一次建议规划实施的情况，实时调整政策，做到集成前任建议规划成效的同时，把教师信息技术应用能力的建设推向新的高度。最后，为了保证教师信息技术应用能力的建设政策落到实处，美国、新加坡、英国和我国围绕教师信息技术应用能力建设核心政策，制定了一系列相互配套和支撑的政策，形成立体化的政策保障体系，保证整体效益的充分发挥。

（三）实施途径

教师信息技术应用能力建设政策要最终反映教师信息技术应用能力的提升，实现信息技术支持的教育教学方式的变革。因此，需要通过一定的途径，让政策的效益得到良好的发挥。各个国家在政策实施的过程中，途径各有不同。

首先，政府机构组织的教师专业发展活动注重教师信息技术初级应用阶段能力的建设（如信息素养）；其次，教师信息技术高级应用阶段能力（如知识深化、知识创造等）建设的专业发展活动重心由政府机构组织向教师群体和个人下移；再次，教师的选择权、自主权及其能动性是教师专业发展活动的关键；最后，教师专业发展活动的培训内容体系设置须面向教师的实际教学需求。

（四）政策评估

教师信息技术应用能力建设政策评估，对于测量政策实施的效果、总结政策制定的经验、发现问题并及时调整政策具有非常重要的作用。

（五）教师信息技术应用能力建设政策的特点

通过对上述各个国家近二十年来的相关政策进行对比和分析，根据进一步研究得出，各国教师信息技术应用能力建设政策的特点主要表现为：

1. 注重连续性设计和分阶段稳步推进

阶段性、稳定性和连续性是各国在教师信息技术应用能力建设政策方面表现出的明显特征，这对持续推进教师信息技术应用能力水平的提升有着很大的推动作用。根据我国教师信息技术应用能力建设的现状，未来教师信息技术应用能力建设政策应该实现"四个坚持"：坚持按照国家教育信息化规划的总体部署，稳中求进；坚持以提高教师信息技术应用能力和实现信息技术支持的教育教学转变为核心，继续积极实施教师信息技术应用能力建设政策；坚持宏观政策的连续性和稳定性，提高政策的针对性和协调性；坚持根据教育信息化不同发展阶段的实际状况，适时、适度进行调整，分阶段、有侧重地稳步推进。

2. 目标呈现从技术素养到知识深化再到知识创造的演变规律

目标明确性是政策目标的首要特性，需要将教师信息技术应用能力建设的目标指标尽可能量化，避免全部定性化；对于政策目标的实现时间、步骤要有明确的规定，避免笼统不清；政策目标的制定应该建立在对实际情况深入调研的基础上，如果不切实际、好高骛远，将失去政策目标的实际意义。各国教师信息技术应用能力建设目标的发展规律符合知识阶梯理论。随着教育信息化发展的不断深入，教师信息技术应用能力建设目标经历了从基础的计算机教育到教师信息技术应用技能，再到信息技术支持的教与学的转变，最后到信息技术支持的知识创新。未来，我国的政策目标定位应该从知识深化向知识创新转变，实现信息技术与课程的深度融合。同时，由于我国东西部地区教育信息化发展的地域性差异，制定政策目标需要考虑学校或区域的实际情况，进行适当调整。

3. 注重颁布相关配套政策

为了保证教师信息技术应用能力建设政策的推行效力落到实处，各个国家较为重视通过颁布配套政策来为政策的实施提供保障。主要表现形式有四种：其一，通过立法的形式加强政策执行的力度，对由于主观因素阻碍政策执行的责任人，必要时可采取措施；其二，通过组织专家调研，制定政策执行的细则，指导政策的落实；其三，建立相应的激励机制，引导和鼓励政策的相关责任主体（如教师、学校、区教育部门、企业）主动参与到教师信息技术应用能力建设事业当中；其四，通过配套政策的制定和推行，形成立体化的政策体系，调动多方力量，为教师信息技术应用能力建设营造良好的政策环境。

4. 注重对实施成效进行评估

教师信息技术应用能力建设评估是以培训评估、项目评估和绩效评估为导向，进行综合评估的实践活动。目前我国第三方评估机构还不完善，在政府推进的相关教师培训项目评估中，还没有完整的评估报告，这样不利于教师培训的实施。因此要全力支持院校自我改善并为政府审查提供基础，需要重视我国第三方评估机构的建设。

第三节　新时代教师专业发展技术支持

信息技术的迅速发展为教师专业发展活动的开展提供了有效的途径。

一方面，信息技术对教师知识的更新起着积极的作用，利用信息技术能够为教师带来丰富的知识，且这些知识更新速度快，能够使教师紧紧跟上时代的步伐；同时，信息技术作为学习工具和手段也为教师的自主发展带来了极大的便利；另一方面，信息技术能够促进多种形式的教师培训，如微课式、远程授课式、网络探究式、课例观摩式等，多种培训形式增加了教师参加培训的机会，提升了教师进行培训的效率。教师专业发展技术支持主要是将技术分成了两大维度，一是互动型，如网络学习社区、专业学习论坛、博客群、QQ 群、微信群等支持的教师专业发展活动；二是非互动型，如微课、微信视频、慕课等开放教育资源、专题学习网站等支持的教师专业发展活动。

一、基于学科教研的网络学习社区

网络社区学习是以网络这一跨时空、开放、自由的特殊学习环境为基石，由来自多方面的学习者及其助学者（包括教师、专家、辅导者等）共同构成的一个相互交流、共同协作的学习团体。

社区学习以网络和通信工具为沟通载体，解决在学习过程中遇到的问题、交流彼此学习心得、共同完成一定的学习任务，在彼此的沟通、交流中相互影响、相互进步，并形成良好的人际关系。

二、基于论坛的教师协作知识建构

所谓协作知识建构是由个人和共同体内其他成员通过相互作用、相互帮助完成对知识的建构过程。协作建构是以协作为前提，不存在个人所处的社会文化情境。

而教师协作知识建构是指以学习为前提，教师与其所在的学习共同体内其他成员，通过相互协作、沟通、交流将知识进行群体建构，实现群体专业发展的目的。

（一）探究性学习论坛

探究性学习论坛创立的目的是要利用建立探究性教学的网络社区，消除教师专业发展过程中的三大矛盾，即：正式学习与非正式学习的矛盾、传统课程与新课程的矛盾、个体反思与集体反思的矛盾。

探究性学习论坛具备了普通论坛的基本功能，论坛的核心是探究性教学的视频案例及基于视频建立的"听课"环境。此外，论坛对"寻求理论与实践平衡"的教师教育难题，进行了多次的尝试，而且有很大的进展和不错的突破。

（二）Tapped In

该平台是以多用户地下城（Multiple User Dungeon，MUD）为理念所设计的一个虚拟学习社区，主要是为教师的专业成长提供在线活动环境。Tapped In 平台可以为教师提供课堂教学之外的教师学习资源、在线帮助工具等，并且为参与培训的教师提供了大量专业成长伙伴和丰富的专业支持。Tapped In 是一个提供终身专业发展学习服务的平台，平台中的组织管理者来自世界各地，活动的内容丰富多样。在 Tapped In 平台中，参加培训的教师和培训的组织者组成了教师专业发展的共同体。

三、基于社会化软件的教师发展群

随着博客、QQ、微信等信息技术交流工具的开发和拓展，其为教师之间开展互动交流提供了简便的途径。博客群、QQ 群、微信群等消除了时间和空间上的障碍，为教师提供了一个研究反思与互动研讨的平台，创设了一个宽松的研讨氛围，成为同伴互助和专业引领不可或缺的场地。教师们可以基于博客群、QQ 群、微信群等信息交流平台共同探讨教育的热点问题，交换学生在学习和生活等方面的情况，分析和讨论所遇到的相关问题，同时也可以进行资料的共享和检索等，从而促进自身的专业发展。

四、基于微课资源的教师研修活动设计

《教育部关于深化中小学教师培训模式改革全面提升培训质量的指导意见》中关于教师培训的目标、方法、模式和内容有详细的说明。意见指出：①各地要大力支持教师网络研修社区建设，全面推进教师线上线下研修结合、虚拟学习和教学实践结合的多方位学习；②在线上进行划区域协同研修，有利于不同地域的教师间沟通、交流；③重视精英队伍的培养，实现教师学习的日常化。

现有的研修平台还是以线性的传统教材思路为主，很难打破传统的章体结构，能否真正激起学习者的学习兴趣，值得人们去思考。近几年，微课在各地普遍开展，从高校到中小学，微课已成为教学的普遍资源。但在教师研修过程中，微课并没有发挥应有的作用。如何基于微课资源设计教师研修活动，提升教师研修效果，已成为当前的主题。

（一）概念界定

1. 教师个人参与的研修活动设计

微课以记录课堂教学中的精彩教学片段为主要内容。微课一方面可以有效地记录优秀

教师对某一知识点的具体教学方法，一方面详细记录教师个人参与的研修活动。教师找到自己在教育教学实践中出现的问题，先进行积极主动的思考，然后在参加教学研修的过程中，逐步解决出现的问题，在发现问题—解决问题的过程中，达到提升自身教学实践技能的目的。

在网络研修中起着基础作用的是微课，那么微课是什么？

微课是在课堂中截取的一段精彩视频。该视频的内容主要以知识点为主，专门记录解决教师在教学中的重点、难点。微课以其短小精悍的特色而深受学生欢迎。

除了最鲜明的特色外，微课还包括以下三个特点：

第一，主题明确、教学情境真实。可以补充其他形式资源在表现教师隐形知识时的不完整。

第二，内容典型、情节短小精致。相比较一般传统课堂记录时间长，教师无法长时间集中精神观看、研修，微课的这一特征可以弥补这一劣势。

第三，结构开放、剪切和使用的灵活性强。在教师研修方面，应用微课更有利于实践。

2. 教师研修

教师研修是指在相关教育部门领导下，在教师培训机构的指导下，有组织、有计划地开展的一系列教师学习活动。在研修中，通过一系列的教师学习活动，可以提升教师在教育中的整体教学水平，进一步提高教师专业素养。研修的主要内容分为四大板块，分别是集中培训、教学实践、教研活动、成功总结等。在实践中，教师研修表现出来的特征包括：

第一，过程性。在教师研修中，四个环节的发展相互依存、相互作用，其过程缺一不可。

第二，长期性。研修不是一朝一夕可以完成的，每一个环节都要落到实处，因此教师研修需要一个很长的周期。

第三，循环性。研修的四个内容完成后，并不是一劳永逸，而是一个不断发现问题和改进问题的过程，体现出研修具有循环性。

3. 教师研修活动

教师研修活动是指以广大的一线教师为活动主体，在其他教学团队的指导下，运用网络研修平台开展的提高教师的教研能力、提高教学实践能力、改进教学行为的远程学习活动。

教师教研活动特征包括学习性质的非正式性、学习时空的无限性、学习资源的开放性、学习形式的多元化以及互动交流的网络化。

（二）教师研修存在的问题

信息化时代，教师在进行教学研修时，采用混合式研修模式，即线上与线下相结合。线下主要是专家讲解知识内容，线上是自主学习。线上研修过程主要关注的是教师在进行研修活动时的行为表现，以及对教师研修活动进行绩效评价，从中可以让教师获取理论与实践的知识。但研修也存在一定的问题。

1. 教学资源短缺

教师研修是一个长期而且循环的过程，因此要保证教学资源的丰富多彩。当前的教学资源短缺，应该考虑扩大资源的范围，具体包括课程资源、多媒体技术工具、优质教师资源、微课等资源，还包括教师自身的生成性资源。

2. 研修活动的设计处于理论层面。

具体的研修活动的设计则相对较少。

（三）基于微课资源的教师研修活动设计

苏联建国时期的卓越的心理学家维果茨基（Lev Vygotsky）根据活动的三个要素，即主体、客体和有中介作用的工具，提出了活动结构这一概念。

通过对活动结构的进一步拓展和延伸，苏联心理学家列昂节夫（Alexei Nikolaevich Leontyev）提出了活动的层次结构："活动—行为—操作"。同时他列出了完整活动需要具备的要素，包括需要、动机、目的、达成目的的相关条件，以及与这些成分相关的活动、行为、操作。

微课资源的教师研修活动系统需要具备的基本要素为研修教师个人（小组）、微视频资源、研修共同体、规则、工具、劳动分工等。

由于微课资源的教师研修活动是教育活动的一部分，因此对于研修活动的具体内容要进行具体的分析，例如是否顺应教育教学规律，是否符合教学设计的一般模式等。同时，要强调研修资源的基础作用，研修资源既是研修活动开展的保证，又是研修活动正常进行的依靠。

而微课资源的内容与研修活动的内容息息相关，例如，优秀微课案例，与微课的设计和制作相关的微课培训资源，在研修过程中可能会运用到的工具资源，以及由教师上传的推荐资源、原创微课案例等由研修成果转化而来的生成性资源等。

在整个研修过程中，研修活动处于整体的核心位置，研修主题、微课资源固然重要，但需要通过研修活动实现，因此，研修活动的每个环节都很重要，不容忽视。

1. 教师个人参与的研修活动设计

微课以记录课堂教学中的精彩教学片段为主要内容。微课一方面可以有效地记录优秀教师对某一知识点的具体教学方法，一方面详细记录教师个人参与的研修活动。教师找到自己在教育教学实践中出现的问题，先进行积极主动的思考，然后在参加教学研修的过程中，逐步解决出现的问题，在发现问题—解决问题的过程中，达到提升自身教学实践技能的目的。

观看微课案例的过程就是教师自我提升的过程，在此过程中，研修教师要详细记录微课中需要学习的内容，通过分析对比，找出自己与优秀讲师之间的距离。

总之，教师通过观看微课案例，进一步解读自己的问题，利用微课案例中的优秀做法，提升自己的专业水平。

一般情况下，研修教师通过分析自身的具体问题，结合学习优秀微课案例，针对具体问题进行自我反思，如优秀微课案例中的哪些案例适合自己，哪些可以在实践操作中应用，主讲教师的哪些讲课方式适合自己等，找到适合自己的教学方法，并运用到实践中，实现自我的突破。

通过研修活动设计中教师对自身的教学实践的思考，教师自我发现问题，自我反思、自我总结，并进行自我提升。在优秀微课的学习中，观看优秀案例能够使教师直观地吸取经验，发现自身的不足；微课案例中的教学方法可以使教师积累经捡，拓宽视野；教师在自我参与的过程中反思总结，不断发现问题，提升自我。

2. 专家指导的研修活动设计

专家指导活动是指在教师的网络研修过程中加入了专家教师的参与，并在适当的时机给予研修教师必要的指导，从而使教师的网络研修更加高效、科学、严谨。专家指导活动开展的目的是为了配合个人反思活动和同伴互助活动。在个人参与实践活动中，专家教师在适当的时机进行指导，使个人的思路清晰，有了反思的框架，有利于参与活动的微课资源的教师研修专家，指导过程中，运用"名师效应"对研修者有一定的作用。

一般而言，专家是指在某一领域或某项技能方面，有比较突出能力的精英。在教学技能和教学方法上，专家要高于一般的教师，往往具有高超的教学技能、先进的教学思想、精深的学术造诣等。因此，在网络研修中，一线教师通过专家的指导，在提升教学技能和改进教学方法方面会有事半功倍的效果。

事实上，名师在某种程度上代表着一种权威。名师的加入可以使一个团队具有很强的凝聚力，爆发出强大的能量。

第四节　新时代教师专业发展评价

教师专业发展评价的标准是以教师专业发展具备科学化、规范化为准则。教师专业发展评价是为确保教师专业发展活动实现预期的目的而开展的，是通过提供专业的、准确的、完整的信息，对教师的教育活动进行价值判断的过程。信息技术环境下的教师专业发展注重教师的信息技术应用能力，将教师信息技术应用能力的培养与提升作为衡量教师专业发展的核心指标。本节主要从评价标准、评价方法等维度对比分析各国际组织或国家的教师专业发展评价，以期为我国的教师专业发展评价提供借鉴。

教师专业发展评价是教师专业发展活动的一个重要组成部分，是对教师专业发展的衡量，采取合理有效的评价方式能够促进教师专业化的不断成长。下面将从基于标准的评价、基于学生学习成果的评价和绩效评价三方面对国际上有关教师专业发展评价的方法进行分析。

一、基于标准的评价

每个国家或组织都是根据本国教师专业发展的需要制定一系列符合本国特色的教师专业发展评价标准，有些国家或组织是在全国范围内采用国家或组织统一标准对教师实施评价，而有些国家或组织则是将国家或组织制定的标准作为参考，结合本地发展需要制定地区教师评价标准，并采取不同的方法进行评价。比如，致力于服务发展中国家教师发展的、由联合国教科文组织颁布的《教师信息与通信技术能力框架》，其主要目的在于为各发展中国家制定教师标准提供参考。各国通过参考《教师信息与通信技术能力框架》，结合本国实际情况制定符合本国的教师能力发展标准，并且依据各国自己的方式对标准进行评价。

二、基于学生学习成果的评价

教师专业发展评价不仅是对教师自身进行测试和评估，同时通过联系学生取得的学习成果进行教师能力评估。换言之，将学生取得的成就作为评价教师的要素之一。

三、绩效评价

绩效评价是教师专业发展评价的一种有效方式，将评估等级与教师自身的发展挂钩，在一定程度上对教师专业发展起到促进作用。

增值评价模式，是指采用统计学的方法，通过统计公式，计算在一个学年期间，学生在标准测试中成绩的提高在多大程度上归功于教师的教学，来决定教师对学生成绩"增值"的影响力。

综上可见，我国教师专业发展评价过程中，首先需要制定科学合理的评价标准，在评价标准的指引下，各个学校可以有针对性地完善教师培训方案和考核评价制度，健全教师绩效管理机制、增强教师专业发展自觉性，鼓励他们主动参加培训和积极自主研修，逐步提升专业发展水平。通过实施教师评价标准体系，帮助教师针对评价过程中暴露的问题进行分析研究，提出建设性的意见。教师应该根据自己的兴趣以及潜力来选择适合自己的发展方向，利用兴趣驱动更好地促进教师的专业发展。

同时，要引导教师树立自我评价的观念，通过自我评价进行自我诊断，发现问题，改进教学。学校要关注教师评价的过程和结果，并提供相关的专业支持，使评价成为促进教师专业发展的有力手段。此外，在教师专业发展评价过程中，可以利用学生的学习成果对教师的专业发展进行评价。

第七章　新时代创新与创新能力重要性分析

第一节　知识经济创新的趋势

知识经济时代是经济加速全球化的时代。在知识经济条件下，创新学的理论和实践必然突破国界的限制，成为具有跨国性、普遍性、通用性的学科。在知识经济时代，人类创新变革的十大趋势如下：

趋势一：创新——营销的主旋律。创新是知识经济时代营销管理进步的表现，也是知识经济时代管理发展的动力。创新始终贯穿于整个管理发展的过程之中。

趋势二：知识——最重要的管理资源。知识经济时代突出表现为以下特征：

①知识成为主导资本。

②信息成为重要资源。

③知识的生产和再生产成为经济活动的核心。

④信息技术是知识经济的载体和基础。

⑤经济增长方式出现了资产投入无形化、资源环境良性化、经济决策知识化的发展趋势。

知识是知识经济时代的主要资源，也是管理中的最重要和主要的资源。知识经济时代的管理是知识化的管理。

趋势三："学习型组织"——知识经济时代的成功管理的模式。知识经济是相对于农业经济、工业经济而言的，它是建立在知识和信息的生产、分配、交换和使用基础上的经济。知识用于经济，知识成为经济发展的主要动力。学习是接受新事物、发展新管理和提高软产品功能的一个重要途径。知识经济时代的管理实质上就是增加管理的知识成分，发展知识管理创新系统。

趋势四：快速的应变力——知识经济时代的新要求。管理快速反应的应变能力是管理效率的体现，也是赢得管理主动权的关键。

趋势五：权力结构转换——变正金字塔为倒金字塔。这是知识经济时代管理体制的改革，也是公司管理的一次飞跃。知识经济一方面促进世界新时代的到来，加速经济全球化的进程，使知识化取代工业化；另一方面促使全球面临新的国际分工。知识经济发达国家将成为"头脑国家"，而知识经济发展滞后者将沦为"躯干国家"，听"头脑国家"驱使。从地缘经济的角度看，管理者要服从这一经济模式所带来的国际发展趋势需要。

趋势六：弹性系统——知识经济时代的跨功能、跨企业的团队。这是知识经济时代管理的一种变通战略的实施，而管理则成为一种特殊的知识财富。

趋势七：全球战略——知识经济时代公司营销决战成效的关键。知识经济时代，是全球实现运作一体化的时代。全球化的大浪潮将以惊天动地的速度和力度，向人类社会的一切领域挺进，且无论是深度还是广度，都将登峰造极。在知识经济时代，管理协作已成为全球化的问题，管理体系向全球体系发展，将逐步演变成一个全球的大系统。

经济全球化是当今世界经济发展的最重要趋势，现代化大生产本身的客观规律必然要求实现全球化分工。在这一经济规律的驱动下，各国公司和产品纷纷走出国门，在世界范围内寻求发展机会，许多产品都已成为全球产品，许多支柱产业也已成为国际支柱产业，而不是某一国的产品或产业。特别是一些实力雄厚的跨国公司，早已把全球市场置于自己的营销范围内，以一种全球营销的观念来指导公司的营销活动。

趋势八：跨文化管理——管理文化的升华。在知识经济时代，管理成了一种人的艺术，成了全球的一种新文化现象。管理科学的发展过程也是管理科学跨地域、跨国界的传播过程。

趋势九：实现"忠诚目标"——即顾客满意、员工满意、投资者满意、社会满意，这是公司永恒的追求。知识经济时代的管理是重视市场和用户的管理。

趋势十："没有管理的管理"——管理的最高境界。在知识经济时代，管理向制度化、规范化和智能化发展，一种全新的软管理形式将出现。

第二节　知识创新的概念

知识和知识创新是知识经济时代新的资源，这就是知识经济新资源配置的定位。知识经济是以知识创新、智力等无形资产和软产品等资源为第一要素。

一、知识创新的特征

（一）知识创新是力量的源泉

知识工程是 21 世纪人类发展的核心工程，同时，它也是人类进步的动力。知识是人类社会之根本，是可以为人类带来超额利润的资源。随着第三次知识革命的兴起，知识产业已成为凌驾于农业、牧业、工业、商业、服务业之上的新兴产业，它与信息产业构成了超工业的第四产业。因此，知识财富已成为比土地、资本、公司更为关键的社会资源。第一次知识革命和农业革命曾形成了伟大神奇的东方文明，第二次知识革命和工业革命则形成了无比强大的西方文明，而第三次知识革命和信息革命将融合东西方文明，形成前所未有的全球文明，也就是地球文明。在21世纪里，知识在社会生产力增长和社会文明进步中将发挥更大的作用。

（二）知识创新是各国角逐的重要资源

人类社会的知识化是21世纪世界的潮流。这股潮流的几个支流如下：

1. 产业知识化

知识在产业中的作用越来越大。知识和知识创新是一种无形的产品，也可以说是软产品。21世纪，创造和运用管理知识将成为一个新的综合软产品产业。软产品产业包括智能产业和其他知识产业，它们共同组成了大知识产业集群——第四产业群，也称脑业群。

2. 管理知识化

经济管理已让位于科学管理，创立了人工智能管理科学。

3. 社会知识化

科学技术向政治、经济、文化以及生活等各个领域渗透，迫使人们不断吸收新知识，以适应社会发展的需要。

4. 企业知识化

企业知识是企业发展的一个重要因素。独特的创意是21世纪企业在竞争中制胜的法宝。企业经营和生产是建立在创新基础上的，要求"人无我有，人有我新，人新我奇，人奇我绝"。因此，21世纪企业的知识是创新的知识，如知识产权和商标是企业财富的象征，谁有驰名的商标和品牌，谁就拥有广阔的市场，企业的无形资产也随之不断升值。

二、知识创新的价值

21世纪是知识价值社会和全球知识资本体系出现的世纪。在21世纪里，知识创新价值大大提高，知识资本成为世界最主要的资本和最有价值的资产。

所谓知识和知识创新的价值，是指用知识创造出来的价值。其定义是，由于反映社会结构和社会主观意识，被社会所承认的带有创造性的知识价值。它大都体现在物质形态或服务之中。例如，两台硬件相同的电脑，一台虽是另一台的 1.5 倍价格，可还是有不少人购买，这就是说人们承认这台高价的电脑的价值，这个价值即电脑的品牌价值、服务价值等，因此使这台电脑具有比另一台更高的"知识价值"。由于电脑和通信网络的飞速发展，信息和知识的储存、加工、交流变得极为方便，"知识价值"的创造机能，如开发新技术和新产品、计划新事业、创造新的艺术形式等的能力因此而大大加强，"知识价值"将成为社会产品价值构成中的主要部分。

三、知识创新领域

在知识经济时代，知识创新将全部占领陆地、海洋和太空三个领域。

第一大知识创新领域是人类生活的主要栖息地陆地和大陆架，它既是创造文明、发展科学技术的主要基地，也是人类研究和开发的第一大知识领地。

海洋在人类的知识创新活动中也日益重要。海洋是一座知识创新的宝库，在人类现代文明的进程中，海洋活动、海洋文化、海洋科学、海洋生命和海上建筑、海洋实验室等成为人类社会知识创新的第二战场，形成了又一座文明宝库和知识殿堂，海洋产业的兴起，将人类真正带入了大海洋的世纪。

四、知识创新引发知识的革命

21 世纪的知识核爆现象是 20 世纪知识创新大爆炸现象的延续。人类对知识的认识表明，由于知识的增长方式取决于知识晶体结构的改变。知识的增长或呈"指数型"或呈"S"形。知识的交叉，新学科群的不断产生，老学科知识的渐趋淘汰和改进，都是知识的单元结晶的先决条件。知识晶体的变化，即由"多晶体"变为"单晶体"，其原因是在知识的"多晶体"系统中，有一种知识的智能极高，它能迫使其他的知识晶体改变自己的晶型。因此，我们可以看到，随着时间的推移，人类的知识出现了五大奇特的现象：知识爆炸的间隔时间越来越短；知识更新的周期越来越短；知识的深度随时间发展越来越深；知识的精度随时间发展越来越精确；知识的交叉性随综合学科的大量出现越来越广。。

第三节　创新能力定义简析

一、创新能力的定义

创新能力是指在前人发现或发明的基础上，通过自身的努力创造性地提出新的发现、发明或改进革新方案的能力，也是指怀疑、批判和调查的能力，是研究者运用知识和理论，在科学、艺术、技术和各种实践活动领域中，不断提供具有经济价值、社会价值、生态价值的新思想、新理论、新方法和新发明的能力。创新能力主要包括以下五方面：创新意识、创新基础、创新智能（包括观察能力、思维能力、想象能力、操作能力等）、创新方法和创新环境。

创新能力的定义主要强调以下几点：

第一，在前人发现或发明的基础上。任何人的创新、创造、发明和发现都离不开人类已有的知识和信息。人类社会的发展就是通过不断地继承、批判、发展和创新实现的。

第二，通过自己的努力。创新者要有强烈的创新动机、创新精神和良好的创新素质和品格。

第三，创造性地提出发现、发明或改进革新方案的能力。创新能力是在创造过程中体现出来的，创新能力的种种特征均涵盖其中。

二、创新与创新能力的关系

（一）创新与创新能力

创新与创新能力的关系表现在以下两方面：

第一，创新能力是创新、创造活动中最积极、最活跃的因素，它贯穿于创造性活动的始终。创新能力是推动创新活动的动力，又是开展创新活动的基础。没有创新能力的参与，创新活动就没有生机和活力。

第二，创新成果是创新能力作用的结果。没有创新能力的作用，就不会有新事物的诞生，创新能力通过创新活动和创新成果而显示出来。在创新活动中，创新能力能得到激发和加强，并以创造成果为归宿。

因此，创新能力与创新、创新活动有着不可分割的联系，创新能力对创造性成果的生产具有重要作用。一个人的创造力强，创新能级高，创新性发挥得好，则生产的创新性成果多，生产速度快，创新效率高，创新价值大，带来的影响也更深远。

（二）创新能力开发与创造学

创新性成果的生产必须具备三个要素，即创新能力（素质）、知识经济和环境条件。从某种意义上讲，创新能力比知识更重要。在现实生活中，经常有一些学历不高、书本知识很少，却硕果累累的人。而有的人学历高、书本知识多，却一辈子没有搞出属于自己的创造成果。

自 20 世纪 30 年代以来，人们越来越多地认识到创造力开发的重要性并积极研究开发、应用创造力的对策。实践表明，创造力可以通过开发而得以提高。创新学是指导创造力开发的重要理论基础。

三、创新能力的特性

（一）创新能力是人人时时处处皆有的能力

1. 创新能力人人皆有

创新能力是人人皆有的一种能力，即创新能力具有普遍性。它不分年龄大小、正常人和特殊人，也不分智商高低，更没什么内外行，条件好坏之分。也正因为它是人人皆有的一种能力，创新理论，包括创造学、成功学、人类潜能学才有其存在的必要和意义。

在实际生活中，我们不要因为自身条件的某些不足而认为无法创新，我们应克服下面一些常见的认识误区。

（1）生理残疾无法创新

事实上有些生理有残疾的人，往往会有惊人的创新成果，常常令生理健全的人为之汗颜和羞愧。

（2）智商不高，难以创新

不少人认为自己智商不高与创新无缘，事实上影响创新最主要、最关键的因素并不是人的智力因素，而是人的非智力因素，即情商与逆商。例如，有些智力有障碍的人对数学、音乐、绘画却有超常的能力。智力并不等于创新能力，高智力更不等于高强的创新能力。

（3）文化水平不高，难以创新

具备一定的知识当然是创新的基础，但并不少见的是，高学历未必能创新，过多的知识反而会抑制人的创新能力。

发明家爱迪生，只上了三个月的学，被教师以"笨蛋"为由赶出校门。伟大的科学家爱因斯坦，初中毕业考不上中等学校，只能进瑞士的一所补习学校学习。比尔·盖茨大学辍学后靠从事软件开发起家，短短的时间内便成为举世瞩目的人物。这样的例子举不胜举，学历并不能代表实际的创新能力。当然每个人也必须好好学习，只有具备一定的专业知识才能更好地实施创新。

（4）岁数大了，不能创新

创新与年龄没有直接关系。发明家爱迪生 81 岁取得第 1033 项专利；奥地利科学家弗贝希 87 岁荣获诺贝尔奖；萧伯纳 93 岁完成大作《牵强的故事》；我国的大画家齐白石 90 岁之后还天天作画；科学家钱学森 90 多岁还在病床上撰写科学论文。

（5）外行，不可能创新

事实不是这样，发明电机的莫尔本人是个画家；发明电话的贝尔是语言教师；发现了天体运动规律的开普勒是一个职业编辑；近代遗传学的奠基人孟德尔是位神父；等等。这些例子告诉我们，创新并不直接受行业或专业知识的影响，有时外行人的创新更令行家惊叹。

2. 创新能力时时皆有

创新本身不受时间和空间的限制，每个时期每个人的创新能力表现都不一样。至于在什么时间能产生创新和创意，也是因人而异。也许在白天，也许在晚上，也许在淋浴过程中，也许在闲聊的过程中……创新虽然没有什么严格的时间限制，却有公认的最佳创意时间。

3. 创新处处皆有

创新表现在各个领域、各个行业，它涵盖了社会上所有的职业，所有的方方面面，无一例外。曾有哲人说过：在每个国家，太阳都是早晨升起的。这句话很有道理。我们也可以这样认为，一个人只要有心创新，那么创新的机会处处都有，它对每个人都是均等的。

由此可见，创新和创意，它能给人们带来成就、快乐和财富。工作、生活和学习中无数的事实证实了一个浅显、普通、深刻却本质的道理：人人、事事、处处、时时都可体现创新。

（二）创新能力是可以激发和提升的一种能力

人的创新与创新能力是可以通过教育、训练、实践激发出来和不断提升的，即创新的可开发性。创新能力的差异是客观存在的，也是开发的前提，它的差异不表现在人的潜能上，而表现在后天的差异上。把创新能力由弱变强，迅速提升人的创新能力，只能通过教育、培训、开发、激励和实践达到。

创新能力的差异正是开发创新能力的前提。虽然每个人都有创造和创新的潜能，然而，由于各个人的素质不同，能动的作用不同，这种潜能的发挥与运用也不尽相同。

（三）创新能力是一种综合性的能力

创新能力是在创新过程、创新活动中所体现出来的，是各种创新能力的合成。就创新能力本身而言，创新思维是创新能力的核心，创新能力构成如下：

1. 探索问题的敏锐力

任何人都有创新的禀赋。善于发现问题、提出问题的能力首先表现为敏锐力。

2. 统摄思维活动的能力

创新思维过程总是从推论的一个环节过渡到另一个环节。创新能力在此就体现为要把握事物整体和全貌，以及从第一步到最后一步的全部推论的过程。为什么在学习过程中要重视对概念的理解与认识？因为概念具有统摄的功能。人们运用抽象的概念就能不断地向知识的广度和深度拓宽和延伸。

3. 转移经验的能力

当我们把解决某个问题取得的经验转移用来解决类似的其他问题时，这就是运用转移经验的能力。

4. 形象思维的能力

用表象进行的思维活动叫作形象思维。创新不仅要用逻辑思维，同时也要运用形象思维，创新是逻辑思维和形象思维的整合。

5. 联想的能力

世上不存在不相联系的事物，创新的本质在于发现原以为没有联系的两个和两个以上事物之间的联系。创新思维的本质在于发现这种联系，联想在其中起着极其重要的作用，联想是由事物想到另一事物的心理过程。

6. 侧向思维能力

能够从离得很远的领域中的状态、特点和性质获得启示的思维方法。这往往是创新思维获得灵感的一个特征。

7. 灵活思维的能力

思维能迅速地、敏捷地从一类对象转变到另一类内容相隔很远的对象的能力，称之为灵活思维能力。主要表现为思路开阔，妙思泉涌。

8. 评价综合的能力

评价综合的能力，在创新活动中主要体现为从许多可能的方案中选定一个最优越的方案的能力，而不是对某一个方案的优缺点的列举，是对诸方案进行综合、比较的综合评价能力。

9. 联结和反联结的能力

联结能力是指人在知觉的时候，把所感知到的对象联结起来，并把这些新的信息同以前的知识和经验结合起来。反联结能力是使知觉和以前积累的知识相对抗，避免以前积累下来的知识的负面影响，把观察到的东西纯净化的能力。这两种对称的能力对创新都具有重要的意义和作用。

10. 产生新思想的能力

思考是人生命的重要部分，要获取创新的成果，就要学习、研究和探索，就必须有形成新思想的能力，评价思想的首要准则是其思想的现实可行性，另一准则就是新思想的广度和深度，即能够概括和解释各种各样的大量事实的能力。

11. 预见的能力

预见是人通过想象来推测未来的能力，对未来的发展趋势能进行预测。

12. 运用语言的能力

运用语言的能力是准确地、客观地、规范地描述的能力。

13. 完成任务的能力

完成任务的能力是按照预定的目标，不畏艰难险阻，达到目标获取成果的能力。

就创新思维能力来看，它是一种综合性的能力，把创新能力作为一个能力系统来看，它是由众多子系统构成的。

创新能力具有综合性，是创新者应具备的各类能力的综合。但是，就以上诸项能力来看，不可能均衡发展，其中有的强些，有的弱些，正因为如此，才形成了特点各异，在不同领域的杰出的创新者。

（四）创新能力是一种具有乘数效应的能力

大量的实践证明，开发和提升人的创新能力可以创造出比传统经济时代超出多倍的效益。技术上的革新固然重要，但其获利不会增加很多，但在产品品种、市场拓展等方面的创新，则可以获得高附加值的回报。知识经济的动力就来源于此。那种传统的成本＋利税＝价格的理论已站不住脚了。与传统经济的理论不同之处在于，新理论的经营成本包括了创新和智能成果的成本，它与技术和管理成本不一样，它是技术和管理的发展和创新，是所有投入中最有价值和附加值最高的部分。

第四节　新时代创新人才的培养

21世纪必将充满各种竞争，无论是经济竞争、科技竞争，还是政治竞争、军事竞争，其实质都是综合国力的竞争。这些竞争归根结底又是人才的竞争，尤其是创造性人才的竞争。因此我国要培养大批的创造性人才，这也是关系到社会主义建设事业兴旺发达的大事。培养和造就自身成为创造性人才，首先必须跨越创造力开发的各种心理障碍，继而通过培育创新精神，培养创新素质来完成。

一、知识经济人才的特征

在知识经济时代人才优化的过程，就是不断创新。知识经济人都具备创新时代人、电子空间人、知识国际人、复合智能人和网络系统人五种特征。

（一）创新时代人

21世纪是一个伟大的创新时代，每个人都处于这一时代的大潮中，所以创新经济人才首先是具有创新时代人的特征。管理行为的目标之一是将自己锻炼成为可以进行创新和开拓的智能人，即创新时代人。

（二）电子空间人

21世纪，电子技术和网络将全球所有的人连接在一起，每个人都生活在一个巨大的电子空间之中，每个管理者都生活在高度信息发达的国际社会里，具有电子空间人的特征，任何人不论是从事什么活动，不管是营销活动，还是学习、管理等，都与电子技术息息相关。人才需要掌握各种专业知识和电子运用技术，才可以活跃于国际舞台上。学习行为目标之一是锻炼自己可以自如地通过运用先进的通信和智能设备，如国际互联网络、智能型终端等设备，穿梭于"地球村"的各个角落。

（三）知识国际人

21世纪，是知识和智能主导社会的时代，知识结构已进入多维化、边缘化、综合化和交叉化的阶段，知识资源共享化是知识经济时代的特征之一。知识国际人素质是每个管理者应具有的素质，这需要掌握一定的知识理论和应用技术，尤其是社会科学、自然科学、思维科学、数学以及智能技术、耗散结构学、突变论、协同论等跨学科综合知识和专业知识，使自己成为具有超越国界的全球观念和超前的创造性思维以及超常规的意识和多元知识技能的人。

（四）复合智能人

21世纪的特点是要善于综合，把有益的知识和有效的经验有机地联系在一起，精心组织综合就能获得突破，就能实现创新。21世纪，社会人才结构将进行重组，需要的人才是国际型、综合型、复合型和高能型的知识人才。面对综合的世界，每个现代人必须树立综合观念，掌握综合知识，发挥综合人才的优势，进行综合开发。运用综合能力去综合集体的优势，在创造性的综合中实现综合性创造。智能是指人在学习、工作中解决实际问题，对自己所属文化提供有价值的创造和服务的智慧与能力。人的智慧存在着一个不断开发、不断充实、不断提高、不断完善的动态发展过程。

（五）网络系统人

知识经济时代是数字化学习时代。自20世纪80年代以来，信息产业的兴起和信息处理价格的降低，以及信息和计算机技术的"数字趋同"，国际网络化加快进程，所有这一切已使知识的创造、存储、学习和使用方式发生了巨大的革命。网络化消除了人们之间的隔阂，使世界联系成了一个巨大的网络系统，而每个管理者都将成为网络系统世界的一分子。因此，管理目标之一就要将自己锻炼成为网络系统人。

二、培养创新人才的途径

（一）培育创新精神

创新精神不是与生俱来的，而是通过后天的培养逐步塑造的，创新精神是创造发明的前提。没有创造的愿望和动机，绝不可能做出创造行为。一般说来，创新精神通过动机、信念、质疑、勇敢、意志和情感表现出来。所以，培育创造精神就是培育顽强的创造动机，培育坚定不移的成功信念，培育顽强的创造意志，以及培育健康的创造情感。

1.培育顽强的创造动机

培养和激发创造动机，最根本的是要有强烈的事业心和社会责任感，这是激发创造动机产生的思想基础。优秀的发明家总是把献身发明创造活动、造福人类作为自己的崇高理想。

2.培育坚定不移的成功信念

培育坚定不移的成功信念就是要培养自信心，坚强的自信心是取得成功的基本前提。凡是成功的人，都具有很强的自信心。

3. 培育顽强的创造意志

意志不是先天的。意志是在实践中、在奋斗中逐渐被培养和锻炼出来的。创造活动困难重重，本身就是一个很好的锻炼环境和机会。意志品质的培养可从以下几方面进行：一是树立远大的奋斗目标，激发实现远大目标的强烈愿望和必胜信念；二是在创造实践活动中获得意志品质的锻炼和体验；三是针对自己意志品质的特点，有目的地加强自我锻炼；四是依靠纪律的约束力加强自律，以规范自己的行为；五是多参加磨炼意志的体育活动，在锻炼身体的同时培养自己的意志品质。

4. 培育健康的创造情感

因为情绪是情感的外部表现，情感是情绪的本质内容，因此培育情感就是掌握控制情绪的心理方法。控制情绪的心理方法主要有：一是意识调节法。人们以自己的意志力量来控制情绪的变化，用社会规范和理性标准来约束自己的情绪，使自己成为能驾驭情感的人。二是语言调节法。语言是体验和表现情绪强有力的工具，通过语言可引起或抑制情绪反应。即使是不出声的内部语言，也能调节自己的情绪。例如，挂在墙上的条幅，摆在案头、床边的警句、对控制紧张情绪大有益处。三是注意转移法。注意转移就是把自己消极的情绪转移到有意义的方面。如在烦恼时，欣赏一些能唤起内心正向力量时的音乐，就能收到良好的效果。创新精神的内容同时体现一种创造人格，而创造人格决定人的生存品位。我们平时应保持愉快的心境和积极的情绪，遇到失意之事要保持豁达的态度，自我解脱困境，要有幽默感，从而调节好自己的情绪。

5. 培育质疑精神

疑问、矛盾和问题常常是开启思维的钥匙。创新学鼓励人们敢于疑别人之不疑，善于想别人所未想。实践表明，不敢提出问题、不善于提出问题和缺乏怀疑精神的人，是决不会取得创新成果的。质疑精神可从以下几方面进行培养：一是要勤思。俗话说"勤思则疑"。尤其是在遇到问题时，要善于自觉地进行独立思考，多问几个"为什么"，要有寻根究底的习惯。二是理智地控制自我，在未发现自己错误前，尽量做到坚持己见而不随波逐流。三是在争论问题时，尽力避免从众心理，不要屈从于群体压力。四是要有坚强的自信心，敢于提出问题。五是不要满足于现状，要保持追求创造的"饥饿感"，这样就一定能提出大量的问题。六是要有"吹毛求疵"的精神。因为，在人们熟视无睹的地方往往会找到问题的症结，从而做出创造发明。

6. 培育勇敢精神

勇敢被誉为创新者的第一素质。进行创造活动，就是要去做别人没想过、没做过或没做成功的事，因此没有勇敢精神是不行的。创新是有风险的探索活动，而创新的最危险敌人就是胆怯。在创造过程中，胆怯往往会磨灭想象力和独创精神，胆怯常常会使一个正在叩敲真理大门的人失去发现真理的机会。

（二）培养创新素质

创新素质包括智力素质因素和非智力素质因素。智力素质因素包括吸收能力、记忆能力、想象能力、观察能力和实际动手能力。而与创造开发联系最为密切的非智力素质因素有自信、质疑、勇敢、勤奋、热情、好奇心、兴趣、情感和动机等。培养创造性人才，就是要提高他们的智力素质因素和非智力素质因素，非智力因素的培养，即创造精神的培育。在这里，再简单介绍一下智力素质因素的培养。

1. 吸收能力

吸收能力包括学习能力和信息收集能力。

（1）创造性自学能力

现代科技发展极为迅速，人类知识总量急剧增加。据联合国教科文组织的统计，现在几年的人类知识总量超过以往所有知识的总和，知识老化周期则缩短为 5 ～ 10 年。这使人们深刻地认识到，未来的文盲不是识字不多的人，而是没有自学能力的人。没有较强的自学能力，在从事创造活动过程中，就会感到知识陈旧，方法过时，技术落伍，手段单一，就不能担负时代赋予的重托。古今中外无数发明创造的成功事例都告诉我们，自学能力是创新者披荆斩棘的有力武器。因此，培养创新素质首先必须强化自学能力，特别是创造性的自学能力。这种能力可使创新者不断获得新知识，增强自身的创新素质。培养创新性自学能力可从以下方面入手：

第一，顽强与勤奋。古人云："书山有路勤为径，学海无涯苦作舟。"我国古代就流传着"头悬梁、锥刺股"的故事，古人为追求功名刻苦读书。同样当代也有许多有志者，他们克服重重困难，通过刻苦努力地学习，最终获得成功，我国数学家华罗庚就是其中的一位。华罗庚小时候天资并不好，有点"笨头笨脑"，功课勉强及格，后来患伤寒病左脚残疾。然而，"顽强与勤奋"终于使他成为举世闻名的大数学家。因此，华罗庚将自身的成才之道总结为"勤能补拙是良训，一分辛苦，一分才"。

第二，勤学好问，多思善疑。在"学"和"思"之间，"学"是基础，只有在勤学的基础上好问，才能学有心得，学得深入。学、问、思、疑是学到知识、练好本领、有所创新的重要环节，而多思善疑是其核心。古人云："学而不思则罔，思而不学则殆。"疑点、问题常常是学习中的难点和重点，在关键处抓住这些问题，深入思考，则会使学习不断深入。多思善疑就是要不断思索，一问到底，举一反三，学以致用。

第三，科学的读书方法。读书要掌握科学的方法。首先要掌握泛读（又称博览）与精读交叉的方法。古今中外善读书者，都善于将泛读与精读巧妙结合。泛读就是用较少的时间，浏览大量的书刊，用以扩大知识面，开阔眼界，更快地掌握新科学、新知识、新动向。精读就是对自己正从事研究的有关资料，专心致志地深入研读。

（2）信息收集能力。

创造离不开信息，处处都有创造的基本素材。作为一个创新者，对信息、情报需要有十分敏锐的感知能力，有收集、整理和分析信息的能力。现代几乎所有做出发明创造的人，大都是具有情报获取优势的人。精通情报、信息的收集和运用方法，对提高创造效率具有极大帮助。必须通过信息窗口，了解社会上已取得的创造成果和继续创造的动向。

2. 记忆能力

记忆力是人脑对所经历事物的反应能力。记忆是智能的仓库、学习的基础。凭借记忆力，人们才能不断贮存和提取知识，发挥才智，使人聪明起来。记忆力是创造性人才工作、学习和创造所不可缺少的基本条件，是人脑贮存和调用过去经验知识的能力。据粗略统计，人的大脑可储存高达几百万亿比特的信息，相当于 5 亿本书所包含的信息总量。正是由于人脑的记忆潜力非常强大神秘，因此人们必须尽可能地开发和利用它们，掌握先进的记忆理论，运用科学的记忆方法，为创造服务。

（1）记忆品质

良好的记忆力具有六项特性：①敏捷性。即记得快，能在较短的时间内记住尽可能多的东西。②正确性。即记得准，能把该记忆的东西准确无误地保存到头脑中。③持久性。即记得牢，能把头脑中已经记住的东西长期稳定地保持住。④灵活性。即记得活，需要时能把记住的东西，灵活、准确地从头脑中提取出来加以运用。⑤系统性。按照事物的严格体系有意识地去记忆并命名且有条不紊。⑥广阔性。就是在博学的基础上去记忆多方面的事物。

（2）提高记忆力的诀窍

①有明确的记忆目标。学习时记忆目标明确，大脑细胞就会处于高度活跃状态，大脑的记忆痕迹就清晰，就容易记忆。②注意力高度集中。学习时注意力高度集中，输入的信息在大脑就会形成特别强烈的兴奋点，接受事物的印象就会深刻。③坚定记住的信念。越是相信自己能记住，就越容易记住。④在理解的基础上记忆。记忆活动与思维活动是密不可分的。在记忆过程中，多思、多想，就会增进记忆。⑤及时进行复习。不少心理学实验都证明，复习对提高记忆力十分必要。根据心理学研究，人的记忆遗忘率一般为 20 分钟内 47%，2 天以后 66%，6 天以后 75%，1 个月后 80% 以上。及时复习，可使遗忘率的增长变缓。心理学的另一项实验表明，人要想记住一件事，必须经过八次反复记忆才行。⑥讲究记忆卫生。就是说只有在劳逸结合、身心放松的情况下，大脑才能保持良好的记忆能力。记忆有最佳时区，此刻的记忆效果最佳。

（3）科学的记忆方法

科学的记忆方法，能使记忆效果事半功倍。不仅能提高记忆效率，而且有助于改善大脑的功能，挖掘大脑的工作潜能。创造性人才不但应掌握行之有效的记忆方法，而且应根据自身特点，形成独具特色的记忆习惯。常见的几种记忆方法有：①系统记忆法。它把复杂的、有着内在联系的事物，经过归纳整理，找出规律，使之系统化，条理化，便于记忆。②重点记忆法。抓住事物本质的、最关键的部分，起到"纲举目张"的效果。③形象记忆法。把要记忆的事物，特别是那些抽象、难记的事物形象化，用直观形象去记忆。而且，这种形象越离奇、越新鲜越好。④联想记忆法。记忆与联想有着密切关系。客观存在的事物是处在复杂的关系和联系之中的。人们在回忆某个客观事物时，总是不自觉地按照它们彼此的关系和联系去识记、保持和重现的。采用联想记忆法进行记忆，通常的做法是将需要记忆的事物与原先已记忆在脑中的一些事物之间建立起联想，并把新的记忆之间的相同、相近、相似或相关之处有机地串联起来，一环紧扣一环，使之条理化，这样十分便于记忆。⑤归类记忆法。就是按照事物的同一特点或属性，把它们分类，使分散趋于集中，零碎的构成系统，杂乱的形成条理。这样更容易强化在大脑皮层中形成的条件反射，使之牢固地保持在记忆中。⑥回忆记忆法。利用睡前或空闲时间进行回忆和复述。⑦练习记忆法。通过把知识运用到实际工作中去来记忆。⑧趣味记忆法。把要记忆的事物编成口诀、故事、顺口溜，以提高自己的兴趣，强化记忆效果。

（4）记忆的规律

掌握记忆的规律，对增进记忆十分有益。这些规律主要有：①记忆的根本——背诵；②记忆的益友——争论；③记忆的基础——理解；④记忆的窍门——重复；⑤记忆的媒介——趣味；⑥记忆的捷径——联想；⑦记忆的动力——应用；⑧记忆的助手——简化；⑨记忆的仓库——卡片。

3. 想象力

想象力即人的形象思维能力，是在记忆的基础上，通过思维活动把对客观事物的描述构成形象，或独立构思出新形象的能力。想象力的培养可通过以下几种途径：

（1）积累丰富的知识和经验

丰富的知识和经验是想象力的基础。通过想象，把过去的知识和经验加以加工、改造和构思，形成新的印象。人们的知识和经验越丰富，想象力越强，就越能发挥想象力的作用，创造成功的可能性也就越大。

（2）强化好奇心

好奇心是一种对自己尚不了解的事物、能够自觉地集中注意力，想把它弄清楚的心理倾向。好奇心可以使人产生兴趣，促进创造，但好奇心容易激发，却难以保持。要强化自己的好奇心，重要的是要善于向深处发展，不断提出新问题、新疑问，不断激发新的好奇。

（3）培养创造激情

人的情绪对想象的丰富性、想象的强烈性、想象的倾向性都有影响。

4. 观察能力

观察是一种有目的、有组织的知觉，是全面、正确、深入地认识事物特点的能力。观察是创造的源泉，创造性人才的培养必须增进其观察能力。培养观察能力的主要途径是养成良好的观察习惯和掌握一定的观察方法。

（1）养成良好的观察习惯

所谓良好的观察习惯，是指乐于观察、勤于观察和精于观察。乐于观察是指对周围的事物有强烈的兴趣；勤于观察和精于观察是指坚持进行长期的、系统的观察，在观察过程中，要注意事物的细枝末节，注意留心偶然发生的意外现象，从中寻找出有价值的、富有启发性的线索。

（2）掌握一定的观察方法

①整体观察。整体观察是指对一件新事物，通过归纳和判断，了解事物的主要属性和特征，形成最基本概念的观察过程。观察前，可选择一个常见的事物作为观察对象的参照物，观察时注意观察对象与参照物之间的区别。②重点观察。重点观察是指对某一事物的具体特征做进一步观察，以获得更深刻、更全面的认识过程。在观察前，应确定好观察顺序，按一定的顺序进行观察。也可以将观察对象分割成若干局部的事物，然后逐个按局部进行观察。

总之，观察能力的培养不是一个独立的过程，它与思维和知识，尤其是与经验的积累密切相关。知识渊博、经验丰富、思维敏捷，才能"目光敏锐""独具慧眼"。因此，观察能力的培养必须不断积累经验，丰富知识。

5.分析能力

分析能力是通过思维认识事物的各种特性，特别是认识事物本质的能力。创新活动的根本在于寻求解决问题的新方法以及创造发明新事物。就创新活动的整个过程来看，应包括觉察需要、找出关键问题、提出最佳方案及最终实现创造。提高分析能力的主要途径是经常、主动地积极分析各种事物，即通过实践来加以提高。此外，经常参加一些解决问题的分析研讨会、在会上倾听别人对问题的分析以及别人对自己分析的评价。平时，多看一些分析文章和材料，从中吸取别人的分析方法，都是一些有效的途径。

6.实际动手能力

创新者在产生某个设想后还须完成这个设想，即把设想变为现实。因为一个完整的创新应有制成的样品，并经过实验验证已达到预期目标，随时可以投入市场或使用。在创新者把设想变为现实的过程中，需要创新者具有一定的实际动手能力，如绘制加工图、制作样品模型，以及进行相关的实验等。因此，实际动手能力是创造性人才所应具备的基本技能之一。

第八章 新时代大学生创新教育路径与方法

第一节 大学生创新教育的内涵

一、创新教育

（一）创新教育的含义

创新教育就是以培养人们创新精神和创新能力为基本价值取向的教育。其核心是在全面实施素质教育的过程中，为迎接知识经济时代的挑战，着重研究与解决在教育领域如何培养学生的创新意识、创新精神和创新能力的问题。

（二）创新教育的定位

创新教育的定位可以是多维度的，其中认识定位就是一个十分重要的方面。在创新教育的认识上，教育实践界存在许多误区，澄清以下这些模糊认识对学校创新教育实践有极为重要的意义。

——创新只是少数天才学生的事。许多教师以为创新是人的高级智慧，非一般学生所能拥有。其实，创新是人的本性，人人都具有创新的潜能与倾向；创新是人生存的需要，只要人存活一天就片刻也离不开创新。问题的关键是我们后天的教育是否尊重、保护并培育了这种潜能，激发、促进并满足了这种需要。人的创新精神与能力不完全是由先天因素决定的，后天的教育因素也是重要的决定力量。所以，创新教育应具有全体性，应面向每一个学生。

——创新只是自然科学的事。许多人以为创新就是科学发现、技术发明，只有科学教育才能培养人的创新精神与能力。实际上，不仅自然科学需要创新，社会科学与人文科学同样需要创新，特别是在科学技术的负效应日益显现的今天，科技创新与人文创新更应平衡发展，使未来社会既是高智力的，又是高情感的。不仅如此，即使自然科学创新也离不开社会和人文思维方式的支持。所以，创新教育应具有全域性，面向每一门学科。

——创新只是课外活动的事。也有许多教师以为，课堂教学的任务就是传授知识，发展创新是课外活动的事。实际上，这种区分是人为地割裂了传承与创新之间的内在联系。创新是整个教育模式、教育制度和教育观念的全局性改变，并不是局部的修改和增减，它应贯穿于课堂教学、课外活动和日常教育生活等方方面面，成为全部现代教育的精神特质，局部性的教育创新不可能是真正意义上的创新教育。其中，课堂教学是创新教育的主渠道，也是学校教育改革的着重点。

——创新只是智力活动的事。还有一些人认为，创新是一个人的智力表现，高智力必然会有高创新。这也是一种错误认识。创新不仅是一种智力特征，更重要的还是一种人格特征或个性特征，是一个人综合素质的凝结性表现，是一个人的自我超越和自我发展，是一个人潜能和价值的充分实现。在人的智力水平相当或恒定的情况下，非智力因素往往起着决定性的作用，许多有创新精神的人并非智力超群，而是非智力的人格特征出众。单纯的智力活动只能培养匠人，而不可能培养大师。所以，创新教育还具有综合性，是个体生命质量的全面提升。

——创新只有正面的效果。几乎所有人都认为，创新是"正面的""好的"事情，人们可以尽情地去追求。殊不知，创新是一把双刃剑，它既可以成为天使，也可以成为魔鬼；既可以为人类造福，也可以使人类遭殃。现代社会的高级犯罪有哪一宗不是创新的结果呢？创新只是工具，并不是方向本身，创新还不能单独成为目的，创新教育也不能代替现代教育的全部，它必须与道德教育整合，培养人的同情心和责任感，把人的创新精神与创新能力引向为人类造福的方向上来。所以，创新教育具有双重性，现代教育必须致力于相互整合，兴利去弊。

（三）创新教育的目标定位

基础教育是为个体升入上一级学校、自身素质持续发展以及为今后走向社会做准备的教育，基础教育阶段的创新教育也要为学生未来的持续性创新打基础。那么，具有深厚基础性和广泛迁移性的创新品质究竟包括哪些？这也是创新教育定位应予以优先回答的问题。概括地说，为持续的创新打基础主要包括两大方面：一是打创新精神基础，二是打创新能力的基础。创新精神是创新人格特征，是主体创新的内部态度与心理倾向，它包括创新意识、创新情感、创新意志、创新思维和创新活动五大方面：

1. 创新意识

创新意识是个体追求新知的内部心理倾向，这种倾向一旦稳定化，就成为个体的精神与文化。经验性的研究表明，具有创新意识的人常常是不满足于现实，有强烈的批判态度；不满足于自己，有持续的超越精神；不满足于以往，有积极的反思能力；不满足于成绩，有旺盛的开拓进取精神；不怕困难，有冒险献身的精神；不怕变化，有探索求真的精神；不怕挑战，有竞争合作的精神；有强烈的好奇心，旺盛的求知欲，丰富的想象力和广泛的兴趣等。这些品质都是基础教育应重点予以关注的。

2. 创新情感

创新情感是个体追求新知的内部心理体验，这种体验的不断强化，就会转化为个体的动机与理想。经验性研究也表明，有创新情感的人常常是情感细腻丰富，外界微小的变化都能引起强烈的内心体验；人生态度乐观、豁达、宽容，能比较长时间地保持平和、松弛的心态；学习和工作态度认真、严肃，一丝不苟，有强烈的成就感，工作的条理性强；对世间的所有生命都有同情心和责任感，愿意为改善他们的生存状态而尽心尽力等，这些也是基础教育应予以优先关注的。

3. 创新意志

创新意志是个体追求新知的自觉能动状态，这种状态的长期保持，就会成为个体的习惯与性格。经验性的研究表明，有创新意志的人常常是能排除外界的各种干扰，长时间地专注于自己的活动；工作勤奋，行为果断，对自我要求较高，对工作要求较严；善于沟通与协调，组织能力强，有较强的灵活性，为达到目的愿意变换工作的途径和方法；有较强的独立性和自制力，在没有充分的证据和理由之前，不轻易放弃自己的主张，能容忍别人的观点甚至错误等，这些品质在基础教育阶段也应培养。创新能力是创新的智慧特征，是主体创新的活动水平与技巧，它包括创新思维和创新活动两大方面。

4. 创新思维

创新思维是个体在观念层面新颖、独特、灵活的问题解决方式，创新思维是创新实践的前提与基础，如果想不到是不可能做得到的。经验性的研究表明，具有创新思维的人常常感觉敏锐，思维灵活，能发现常人视而不见的问题并能多角度地考虑解决办法；理解深刻，认识新颖，能洞察事物本质并能进行开创性的思考；思维辩证，实事求是，能合理运用发散与辐合、逻辑与直觉、正向与逆向等思维方式，不走极端，能把握事物的中间状态等。这些品质是基础教育阶段思维训练的重点。

5. 创新活动

创新活动是个体在实践层面新颖、独特、灵活的问题解决方式，创新活动是创新思维的发展与归宿，经不起实践检验的思维是无价值的。经验性的研究也表明，具有创新活动能力的人常常实践活动经历丰富或人生经历坎坷，经受过大量实践问题的考验；乐于动手设计与制作，有把想法或理论变成现实的强烈愿望；不受现成的框框束缚，不断尝试错误、不断反思、不断纠正；愿意参加形式多样的活动，乐于求新、求奇，乐于创造新鲜事物等。这些也是基础教育应给予考虑的创新素质目标。

（四）创新教育与创业教育的关系

创新教育与创造教育有相同的一面但也有很多的不同。创新教育是为了迎接即将到来的知识经济时代而提出来的。创新教育不仅是方法的改革或教育内容的增减，而是教育功能的重新定位，是带有全局性、结构性的教育革新和教育发展的价值追求，是新的时代背景下教育发展的方向，尽管我们研究的定位是培养中小学生的创新精神和创新能力，但实际上将来带来的是教育全方位的创新。我们强调，创新教育的重点不仅是在操作层面在上搞小发明、小制作，或在学科教学中仅仅培养发散思维能力就可以了。这些在创新教育中仍然要搞，但除了考虑这些操作层面上的问题外，更要考虑适宜创新人才成长的"土壤"、良好的环境，这比什么都重要。这符合马克思主义的基本原理，环境对人的影响是特别巨大的，尤其是对青少年的影响更是巨大。所以，我们能否接过创造教育的旗帜搞创新教育呢？不行，时代不同了。创新教育与过去的创造教育固然有继承关系，但绝不是沿袭过去的东西。当然两者也并不矛盾，它们在很多方面，尤其在基础方面是相通的，创新教育是创造教育在新的历史条件下的发展和升华。我们不能割裂传统，不过，在这些问题上我们不搞争论、论战，把时间和精力花在名词术语的争论上没有意义。

（五）创新教育与素质教育关系

这个问题在全国教育工作会议期间颁布的《中共中央国务院关于深化教育改革全面推进素质教育的决定》中已经说得很清楚，不是创新教育离开素质教育另起炉灶、另搞一套，而是素质教育要以培养学生的创新精神和实践能力为重点。有人说，创新教育把素质教育推向了一个新的台阶，创新教育是素质教育的灵魂、核心，创新教育为实施素质教育、深化素质教育找到了一个"抓手"。第一，创新是实施素质教育的关键。过去从来没有这样提过，但细细琢磨确实是有道理的。创新是关系国家前途命运的关键问题；第二，素质教育要提高全民族的素质，提高全民族的创新能力，它同创新教育追求的目标是一致的；第三，实施素质教育必须在一系列问题上创新，包括教育观念、教育思想、教育制度、教育内容、教育方法都要创新。如果不创新，还是沿袭旧的那一套，素质教育就很难实施。所以，不管是从时代的发展，现代化的需要，教育改革的需要，党和国家领导人的倡导来看，还是从素质教育追求的目标来看，创新教育是为了使素质教育能够真正得到贯彻实施。深化教育改革，全面推行素质教育有很多方面，其中最重要的是创新精神和创新能力。它能保证素质教育的实施，而且使之得到深化。

（六）创新教育模式

创新教育模式，在此我们主要讨论的是进行创新教育的模式，不是指创造新的教育模式，也不是教育创新的模式。创新教育模式是使受教育者形成创新意识、发展创新能力，并在未来的人生经历中做出创新性工作的教育过程及教育环境体系。对于创新教育模式而言，首先它不是一个固定不变的框架，不是封闭的系统，也不是一个简单的结构，从性质来讲它具有开放性、动态性、发展性和复杂性，从这个意义上来讲，创新教育模式既要创造新的教育模式，又要进行教育创新的模式，但现在更多的是对教育模式的历史总结，还远未进入创新教育模式的开发设计，至少我们对创新和创新教育的认识还停留在初级水平。由创新教育的模式性质来看，创新教育有它的结构特征与体系要求。作为创新教育体系有它的历时结构和共时态结构。历时结构有两层含义：其一，创新教育体系的发展过程是进化的；其二，创新教育实践过程有相互关联与相互制约的要素。创新教育的共时态结构也有两方面，就创新教育体系而言反映创新教育发展的状态，就创新教育实践过程而言反映创新教育要素的组合关系及配合状态。在此我们不关心创新教育体系的结构问题而注重的是创新教育实践活动的结构问题，前者属于创新教育的存在本体问题，后者关心创新教育的实证研究。因为创新教育实践的历时结构反映了创新教育系统中相互作用的要素间动态过程和演变方式，展现各种作用机制促成目标转换的逻辑或非逻辑过程；创新教育实践的共时态结构主要表现为各种作用与目标间的统计关系和经验关系。创新教育实践的共时态结构特点为我们提供了考察创新教育实践体系内部要素间的配合要求、经验说明和教育结构格局的机会；其历时结构特点为我们提供了创新教育体系内部各要素之间的作用方式、传递关系、微观机制和宏观机理的可能。创新教育结构的研究为开发可操作的创新教育模式提供可能性基础。

二、我国高校创新教育的现状

（一）我国高校创新教育现状

创新教育是伴随着人类的创造实践活动而产生，并逐步形成的。所谓创新教育是指在学校教育中注重培养学生的创新精神、创新能力和创新人格，使之成为创造性人才的教育实践活动，创新教育要解决的问题就是培养学生的"二创精神"即创新意识和创新能力。创新教育重点在"创新"，创新既是思维形式，也是实践活动，既是引领科技发展的发明创造，也是带来丰厚利润的市场行为。创新活动与社会进步和发展息息相关，历史的发展表明每一次科技革命和知识创新都给社会带来巨大的进步，而这些都离不开学校的创新教育。

（二）高校实施创新教育的必要性

1. 在高校实施创新教育，是我国经济社会发展的需要

当今世界经济和科技飞速发展，国与国之间的竞争日趋激烈，综合国力的竞争关键在经济，经济的发展核心在科技，科技的发展要依靠具有创新精神的人才。为了迎接经济和

科技竞争的挑战，我国实施科教兴国战略，目的就是培养社会主义现代化建设需要的创新人才。在高校实施创新教育，才能为经济和科技发展不断输送人才，才能满足国家发展对人才的需要。

2. 在高校实施创新教育，是改革我国落后教育模式的需要

我国高等教育在扩大招生和对外交流的形势下得到迅速发展，但是教育教学自身的状况表现出诸多不足。由于受传统教育思想影响很深，教师在课堂上向学生灌输知识，要求学生对书本知识死记硬背，考试无非就是检验学生对知识的记忆，在这种训练下，学生成了学习和记忆的机器，失去了独立判断和思考的能力。这种模式的教育教学急需改革。全国第三次教育工作会议就指出：素质教育要以提高国民素质为根本宗旨，以培养学生的创新精神和实践能力为重点，倡导尊重学生身心发展特点和教育规律，使学生在学习过程中生动活泼、积极主动，使创新能力得到发展。实施创新教育，是全面贯彻党的教育方针，培养高素质的创造性人才，改变我国的教育现状的需要。

3. 在高校实施创新教育，是大学生成长和成才的需要

创新教育是把每个人当作一个主体，充分发挥主体作用的教育；创新教育是尊重每个人个性差异的教育，使每个人个性健全发展的教育，是最适合和最能促进大学生成长和成才的教育。国内外心理学及脑科学研究成果表明：创造能力是每个健康个体都具有的一种普遍的心理能力。但是创造能力的形成要依靠主体自身的力量去完成，创新教育能给学生以极大的自主空间，让他们自己去研究和探索，尝试着自己去寻求问题的答案，通过发挥他们的主观能动性，去获得知识和经验，从而把创新能力从一种潜在的心理变为现实。

（三）我国高校创新教育发展的途径

1. 创新教育是一个系统的工程

高校教育是构成整个社会教育的一个环节，是基础教育的继续和延伸，学生们如果在基础教育中都没有经历过创新教育的训练，他们就无法适应大学的这种教育模式，正像中国的学生到西方国家留学一样，无法适应他们的学习和考试的方式，学习能力和学习兴趣锐减，这样的状况会使学校和学生陷入两难的境地。因此，创新教育是一个系统工程，从幼儿园开始的教育就应该渗透创新教育的原则和方法，基础教育更是应把创新教育贯彻到教育教学中去，这样高校实施创新教育也就水到渠成了。

2. 推进教学内容和教学方法改革是开拓创新教育的主渠道

创新教育对教育的影响作用主要是通过学校的教学活动体现出来的，学校应加强对教学内容和教学方法的改革。首先，将创新教育内容融入教学活动之中。把握学科前沿，让

反映现代科学技术的新知识及时进入课堂，并增设与创新教育有关的课程，使教师尽可能多地了解和掌握新的教学手段和方法，教会学生获取新知识的方法和能力，不断获取科学文化知识，为创新提供动力。其次，在教学活动中，确立学生主体地位，变学生被动接受知识为主动探求知识，变书本知识学习为问题研究型学习。在教学中，教师可采用启发式、讨论式、竞赛式等方法，鼓励学生敢于质疑，大胆提出新思想、新问题和新方法，使学生能主动地、愉快地、创造性地获得知识和能力，个性得到自由充分发展，潜能得到最大限度的释放。最后，要加强实践教学环节。学生创新能力的培养，至关重要的一环是实践教学环节。学生通过参加实践活动，能更深地理解知识、运用知识，并能促使其提高发现问题、探究问题、寻找解决问题的能力。实践教学给学生提供了展现创造性个性和发现自己创造才能的机会，从而能激发学生强烈而广泛的好奇心和求知欲，调动学生的创造积极性，培养学生的创新能力。

3. 重视校园文化建设，使创新思想和创新精神成为校园里的新风尚

校园文化建设对培养学生创新素质尤为重要，它体现了环境对于人的培养的巨大影响作用。健康向上的校园文化能启发学生思想、培养学生能力、发展学生个性。学校应通过校园文化建设为学生提供有利于进行创新活动的环境条件，让创造精神从积极向上、宽松自然的校园氛围中生长出来，从而培养学生的探索精神和创新思维。例如，可以通过开展科技竞赛和科技文化节等活动建立大学生创新素质教育基地，来培养学生的求实、创新精神；在校训、标语口号和宣传栏中应体现对创新精神和创造能力的追求；在校园里应随处看到那些为社会的发展做出重大贡献的科学家、政治家、文学家和思想家的各种形象，宣传他们的创造成就等。在校园里对创新、创造的积极提倡，能有效地激励学生去学习和效仿，使创新思想和创新精神成为校园里的新风尚。

三、创新教育比较

随着当前世界进入"互联网+"、人工智能的时代，创新发展已经成为包括我国在内的许多国家的发展战略。创新能力的开发已经直接关系到一个国家的发展和实力。各国对创新能力的开发越来越关注。由此可见，开发创新能力是未来社会和知识经济发展对人提出的要求，也是当今世界教育改革的潮流。

（一）更新教育观念，顺应时代要求，突出创新教育，树立知识经济时代的创新人才观

以信息产业迅猛发展为代表的知识经济时代已初见端倪。在知识经济社会，教育的功能、作用及地位都发生了新的变化。过去我们过多强调教育的政治功能、选拔功能，而弱视了教育应有的经济功能和社会功能。在知识经济时代，教育的作用不仅不能克服社会的

差异和分化，反而越来越成为全球经济产生差异、非独占性的重要因素，这就决定了知识经济必然是一种全球性经济。在这种时代背景下，综合国力的竞争日益突出，而其基础必然在教育。随着我国加入 WTO 和经济全球化趋势的深入发展，我国的经济已深深融入全球经济一体化之中。适应时代发展的需要，关键在于培养大批知识技术创新人才，高等学校作为高级人才培养的重要基地，必须实施创新教育。

进入知识经济时代，知识和创新成为国家经济发展的最重要内容，创新素质教育起着至关重要的作用。创新教育是以培养人的创新精神和创新能力为基本价值取向的教育，其核心是在全面推进素质教育的过程中，培养学生的创新意识、创新精神和创新能力。实施创新教育，必须树立创新教育思想。高等教育的根本任务是培养具有创新精神和实践能力的高素质人才。高校要实现其根本任务，最重要的是树立创新教育思想，在教育目标、教学内容、教育管理服务等各方面体现创新教育的内涵。在创新教育提出并付诸实践的今天，尽管各高校都出台了一系列有关创新教育的举措，但一个明显的现象是教师的创新意识不强，这种现象的根本原因就是没有树立创新的教育思想，缺乏创新的教育机制与环境。因此，我国的高等教育必须更新观念，改变传统的教育管理体制、教育观念和教育方法，树立知识经济时代的创新人才观，建立新的人才培养机制，不但要求人才的全面性和综合性，更要体现开放性和创新性，使创新意识、创新精神和创新能力成为衡量人才素质高低的重要标志。

（二）适应形势需要，加大培养力度，造就适应创新教育需要的高素质创新型教师队伍

人才创新教育的关键在于具备高素质、高度责任心的教师，这类教师能够把对学生各方面能力的培养贯穿于教学的各个环节，并在创造性思维、动手实践能力和适应能力、独立性方面进行严格的训练。盛行世界的"问题教学法"，就是通过让学生从事类似于科学家发现真理的学习活动，使学生掌握学习和发现的方法。

对我国来讲，实施创新教育的关键也在教师。教师的素质和能力很大程度上决定着教育质量的高低。没有创新型的教师队伍，就难以培养高素质的创新型人才。我们必须努力造就一支具有强烈创新意识，勇于探索，善于培养学生创新意识和创新能力的师资队伍。一方面，对现有的教师进行创新素质和能力培训，提高他们的创新意识和创新能力，使他们尽快适应当前创新教育的需要；另一方面，改革师范教育和单纯以师范教育为主培养新教师的状况，使新走向教师岗位的教师胜任当前的创新教育。另外，要提高教师待遇，把一大批具有创新意识和创新能力，适于从事创新教育的优秀人才吸引到教师队伍中来。

培养和造就一支适应创新教育需要的高素质教师队伍，其核心是要提高教师的创新意识和创新能力。创新意识薄弱是高校普遍存在的现象。学生创新意识不强的根源在于教师创新意识不强。教师要培养创新意识，推进创新教学，引导学生创新，营造创新教育的环境，最主要的是教师在教育过程中实施具有创造性的教育行为。要创建真正民主、平等的

师生关系，教师对学生，尤其是对与己不同、与众不同的学生要尊重、宽容、鼓励，而不应强制、苛求和压制。只有这样，才能助燃学生的创新火花，培养赶超前人的优良品质。

（三）勇于实践，不断创新，探索适合我国国情的创新教育

要改革课程体系和教育教学方式与方法、课程体系与教学内容，加强基础与通识课程教育。根据受过高等教育的学生必须具备的素质标准，制定共同的基础课程（又称"核心课程"），在此基础上确定完整的课程体系。课程体系要把通识课程、基础课程、专业课程等细化为若干模块，每个模块又细化为若干课程或教学活动。要求学生必须学到所有模块，但每个模块中的课程允许自由选择。应给学生提供多样的可能性，让学生学会根据自己的情况进行选择。学会选择，是我们教学的重要目标。课程体系要给学生以较大的自由度，不能因课程负担占满学生的所有时间。通过学习，培养学生批判性地接收和选择知识的方法，使学生在将来的学术科研和生产活动中具备基本的表现能力。教学最主要的任务是要学生学会学习知识、运用知识和创造新知识。21世纪是一个终身教育和终身学习的社会。

对学生来讲最重要的基础就是学会学习，有积极学习的愿望和自主获取知识的能力。在教育教学实践中，要特别注重学生学习能力的培养，注重学生基本知识的掌握。如果学生掌握了宽厚的基础知识，就有很强的适应性，就能"厚积薄发"。

当前我们要特别提倡激发学生学习科学的兴趣、对未知世界的好奇，从而产生进一步追求的强烈欲望与激情，使创新成为在激情驱动下的直觉思维。

（四）重视实践教学，把教学与研究紧密结合，增强学生科技创新能力

为了让学生把所学的理论知识应用于实际生活，提高学生解决实际问题的能力，高校在强调课程内容的研究性、理论化和结构化的同时，大大加强实践性教学环节在课程体系中的比重，把"科学研究方法"作为低年级学生必修课开设，为学生将来从事科学研究的实践奠定基础。此外，学校注重"产、学、研"的结合，"学校＋企业"的剑桥模式已成为国外未来大学的发展方向。我国高校在教学中偏重理论知识的传授，忽视实践性教学环节，这严重束缚了学生的创新能力和实际运用能力。要加快教学改革的节奏，下大力气加强实践性教学环节，加强实验课、讨论课、生产实习课在课程体系中的地位，更新课程内容，增加学时数，让学生通过这些实践性教学环节动手动脑，锻炼和提高自己的动手实践能力。

（五）强化整体意识，优化育人环境，营造有利于创新人才培养的良好氛围

创新意识、创新精神和创新能力的培养有赖于环境的熏陶与潜移默化的感受。有意识培养、营造一个整体优化的环境对学生创新精神的养成具有重要意义。这个环境主要包括

学校长期发展积淀而形成的优良传统与校风、学风和高品位的校园文化氛围，一个思想活跃、学术自由、兼容并蓄、百家争鸣、百花齐放的局面。在这方面，国外一流大学普遍重视营造民主、宽松的氛围，营造创新思维的文化氛围和心理氛围，营造一个高品位的、激发灵感的、产生想象力的环境，鼓励学生树立创造的自信。

改革开放以来，国家提出科教兴国战略，开始了知识创新和技术创新体系的建设。特别是在第三次全国教育会议上，提出了全面推进素质教育的要求，而且将高校实施素质教育的重点定位于创新教育。我们要积极贯彻党中央的战略部署，认真吸取国外高校创新的优秀成果，努力创造适宜于创新人才成长的环境。在培养目标上，要促进全体学生发展，培养有社会责任感和道德心并具有独特个性和丰富创造力的人；在课程设置上，要注重那些能显示自然、社会和人类生活的多样性、可变性和多种可能性的内容，要把各种课程教学中创新教育实践活动作为创新教育的主要途径，使教学具有启发性和引导性；要根据学生不同层次的要求，推行学分制，改同步的班级授课制为异步的班级教学制，实施分级授课，以利于不同层次学生的发展；要从根本上改变以固定、唯一、精确的标准评价所有学生的现行评价体系，建立符合素质教育的科学的学生评价制度。此外，学校应制定完善的创新教育有关制度，如计算机房和实验室开放制度，图书馆管理制度，学生科技活动激励制度，教师、学生创新素质评价制度等，确保创新教育走上科学化、规范化和经常化的道路。

21世纪是知识经济的时代，是迫切需要创新人才喷涌而出的时代。现代科技以人为本，为国家、民族和社会主义事业培养高质量的创新人才是时代赋予高校责无旁贷的历史使命。我们应适应时代需要，转变培养观念，健全培养机制，完善培养措施，加大培养力度，为现代化建设培养大批具有创新精神的高素质人才。

第二节　大学生创新教学的含义与目的

一、创新教学的含义

教学在原始社会即已产生。原始社会的教学是指成年人向年轻一代传授一定的生活经验、生产劳动经验和社会风俗习惯的教育活动，也包括成人彼此之间以及年轻一代之间的传授和学习的教育活动。教学作为教师教、学生学的一种双边教育活动，在漫长的教育史上有一个渐进的发展历程。综观整个教学发展史，我们不妨把教学概括为四种模式。

（一）记忆性教学

记忆性教学即教师讲，学生听。在教学过程中，教师基本上是以传授知识为主。学生学习的主要任务是记忆大量的书本知识。这种记忆性教学模式，束缚学生的个性，禁锢学生的头脑，摧残学生的身体，压制学生的创新意识。

（二）理解性教学

理解性教学即教师要求学生通过理解教材来较深入地掌握知识的教学。

理解是学生对事物关系的发现和深入认识。理解性教学不仅能使学生掌握系统化、概括性的知识，而且能使学生掌握运用知识的初步技能，一定程度上能促进学生认识能力的发展，因而理解性教学比记忆性教学进步。但随着时代的进步，社会的发展，这种教学也日益暴露出其弊端，诚如苏联教育家赞科夫（Leonid Vladimirovich Zankov）所说的："无论学校的教学大纲编得多么完善，学生毕业后必然会遇到他们不熟悉的科学上的新发现和新技术。那时候，他们将不得不独立地、迅速地弄懂这些新东西并掌握它。只有具备一定的质量、有较高发展水平的人，才能更好地应付这种情况。在这个时代，学生的发展对他们未来的工作具有多么重大的意义啊！"这就是说，学生在学校里学习的相对稳定的知识与社会生产发展、科技进步之间有一定的差距。虽然理解性的教学能让学生掌握现成的知识和技能，并通过练习较准确地再现它们，但永远不能适应时代的需要。因此，如何使学生在掌握知识的同时发展思维，增强聪明才智，以便能够解决未来就业后不断出现的新问题，这就需要另一种性质的教学，即思维性教学。

（三）思维性教学

思维性教学是在教师指导下，学生积极思考、主动解决问题的教学。这种教学以学生自主为前提，在"学"的过程中构建自己的知识体系和经验体系，建立起个性鲜明的认知结构，或以新的方式将已有的经验联系起来，以解决新问题。在学习开始时，问题提出后，学生不能回答，至少是找不到现成的答案，通过学习，师生共同协作，或同学间共同协作，产生一个新的适当的解决问题的决定或结论。

（四）创新教学

创新教学是在当代大教育目标规范下，教师遵循创新教学的原则，以创新教育的方式和方法，启发学生的创新动机，树立学生的创新志向，培养学生的创新精神，训练学生创新思维，传授创新技法，开展创新活动，提高学生创新能力的教学模式。

当前，世界正面临着一场新的技术革命，信息化是这场革命的重要组成部分。以资讯技术为先导的一系列新技术的诞生，已引起社会生活、经济结构和生产方式的深刻变化。微电子、生物工程、新材料、新能源等科学技术的飞跃发展，微机、数控自动机械、光纤通信系统、多媒体移动通信设备等新产品如雨后春笋般地涌现出来，知识密集型行业的增加和信息产业加速发展都向教育提出了挑战。为迎接这场新技术革命的挑战，世界范围内的教育开始"求新求变"，教学开始从传统教学向创新教学转变，教学更加强调创新的功能，注意培养学生的创新能力。唯有创新教学，才能培养学生的创新精神和创造能力，才能使学生以全新的思维方式去获取有价值的信息，从而在未来的个人和事业发展中敢想、敢说、敢干，为社会创造财富。

二、创新教学的目的

"为创新而教"已成为当代教育领域内响亮的激动人心的口号。创新教学的目的，简言之，就是为社会培养大量创新人才。这一教学目的的提出，主要有以下三个原因。

首先，它是由当前生产力发展的要求所决定的。生产力发展水平体现人类已有的发展程度，又为人的进一步发展提供可能并提出要求。在奴隶社会和封建社会，生产力只是通过生产关系这一中介制约教学，还未成为教学目的的直接依据。在资本主义社会里，随着大机器工业生产力的发展，科学技术的应用，学校需要培养大量的生产管理人员、生产技术人员和掌握一定文化科学知识与职业技能的工人。这样，生产的发展便日益成为制定教学目的的依据。当代，新技术革命的出现带来了社会生产力的飞速发展，给教育、教学带来了巨大冲击，人们认识到，记忆性教学、理解性教学、思维性教学都不能适应当代生产力发展的需要，只有实现创新教学，才能为社会培养大量创造型、开拓型人才，才能适应当代生产力飞速发展的需要。

其次，它是由我国当前的政治、经济发展所决定的。在阶级社会里，教学目的取决于统治者的政治利益和经济利益。如我国封建社会里，那种死记硬背四书五经的教学目的就是为了给封建等级制度和维护这样的制度寻求思想上、理论上、观念上和行动上的支撑，为控制人的思想提供依据。当前，我国最大的政治是改革、开放、实现现代化，全面建设小康社会。这便决定了我国各类学校的教学目的是为经济的发展和社会的全面进步培养大量创新型、开拓型、改革型的人才。

最后，创新教学是实现马克思所说的深入的、全面发展的现实条件。马克思把人的发展同社会生产方式联系起来进行考察，揭示了人的全面发展的含义，论证了人的全面发展的必然性。马克思认为，全面发展的人是指在体力和智力上各自充分地和自由地发展"的人。尽管机器大工业生产为人的全面发展提供了物质基础，但由于资本主义社会生产的社会性和生产资料的私人占有的矛盾，生产过程中智力同体力是分离的。因此，人的全面发展只是可能，不是现实。

今天，随着经济和社会的进步，中国特色的社会主义事业取得极大的发展，为人的全面发展提供了客观条件。如果我们通过创新教学为社会培养出大量的创新人才，人们在从事创新活动时，智力、体力必然要同时得到充分的、自由的发展，那么马克思所预言的人的全面发展将在创新教学中获得前所未有的、有利的现实条件。

第三节　大学生创新教学的原则

教学原则是教学过程中应当遵循的基本要求。教师要想顺利地进行创新教学工作，除了要明确创新教学过程的特点，认识创新教学规律外，还必然要研究和掌握创新教学中应遵循的一系列教学原则。

创新教学原则作为创新教学工作的基本要求和创新教学规律的具体体现，对创新教学具有指导作用。在整个创新教学中，教学原则既是创新教学活动的出发点，又是创新教学过程的总调节器。遵循创新教学原则进行教学工作，就能提高创新教学的质量；反之，就会影响创新教学效果，降低培养创新人才的规格和质量。

一、传授知识与开发智力相统一的原则

该原则要求在教学过程中，传授知识与开发智力并重，辩证统一。智力的发展依赖于知识的掌握，系统的知识是智力发展的必要条件，"无知必无能"，智力的发展又有助于创造力的提高。爱因斯坦在研究相对论的过程中，发现自己对黎曼几何的知识知之甚少，不得不重回苏黎世工业大学补习黎曼几何。知识既是人类长期积累和整理的成果，又是人类智慧和智力的结晶，它本身就蕴涵着丰富的人类认识的方法。学生只有在掌握知识过程中学会获取这些知识的认识方法，并把这些知识和认识方法自觉地、创造性地运用到以后的学习和工作中去，才能逐步发展自己的智力，形成自己的创造才能。

智力的发展又有助于知识的掌握。智力发展较好的学生，接受能力强，掌握知识牢固，能够举一反三，自觉地、积极主动地、创造性地学习、探索真理；反之，如果学生智力发展较差，就不能牢固地掌握知识，也不能举一反三及创造性地解决问题。创新教学中贯彻这一原则时要做到以下几点：

（一）认识到知识和智力同等重要，不可偏废

知识和智力互为条件，相辅相成，互相促进，两者既不可割裂对立、互相排斥，也不可彼此混淆。片面强调任何一方，必然适得其反，降低教学质量，不利于培养学生的创新能力。

（二）实行"启发式"教学，促进学生智力发展

知识不等于智力，如果教师进行"填鸭式"教学，学生只知机械记忆和搬运知识，即使他们头脑里被填了一大堆知识，也不会发展智力，而往往会变成"书呆子"，这种"死

读书，读死书"的后果是"高分低能"，与创新人才是不沾边的。

教师只有实行"启发式"教学，善于启发学生思维，引导学生自觉地、积极地进行学习，正确理解知识，掌握获取和运用知识的方法，才能有效地促进学生智力的发展。

（三）培养学生系统的规律性的科学的学习方法

要引导学生构建有自己个性的学习经验和认知结构，而不是刻意去"教"那些零碎的"知识"，有些零碎的、不严谨的、没有系统化的知识教得过多，反而增加学生负担，影响其智力发展。例如识字一个一个地教，阅读一篇一篇地从范文中学，甚至学数的组成也是一句一句地背诵口诀等，都将使学生的记忆负担加重，而智力的主要要素——思维能力却得不到训练和发展。

美国著名的心理学家布鲁纳（Jerome Seymour Bruner）说过："不论我们选教什么学科，务必使学生理解学科的基本结构。"所谓基本结构，指的是普遍的强有力的适应性的结构。其具体表现就是每门学科的基本概念、基本公式、基本原则、基本法则等。布鲁纳认为，学科的基本知识乃是基本结构的"特例""具体化""变式""多样表现"，反过来，基本结构则是基本知识的概括、抽象、内在制约者、发源、本质……他认为学生掌握基本结构有利于知识的迁移、智力的发展。我国一些优秀教师的先进教学经验表明，让学生掌握学科知识的基本结构，确实有助于发展他们的智力。如我国小学教学改革中"集中识字"实验，教师利用形声字结构进行集中和分散的识字教学，极大地促进了学生的智力发展。当学生掌握了"声旁表音，形旁表意"的构字规律后，就能独立运用推理的方法来判断字的音、形、意，举一反三，认字速度提高很快。

二、博采知识与培养创新能力相统一的原则

知识与创新能力的关系如同知识和智力的关系一样，系统的知识是创新能力发展的重要条件，创新能力高的人必然博采知识，并从事更高层次的发明创造活动，两者互为条件，相辅相成，互相促进，相互提高。创新教学中贯彻这一原则时要做到以下几点：

（一）要让学生博采知识

知识是创新能力发展的根本条件。知识贫乏，头脑中只有零碎的知识堆积，而没有系统的科学的规律性的知识，便不可能创造性地分析问题和解决问题，进行发明创造。尤其在当代，科学在加快发展，专业分工越来越细，各学科知识信息在成倍增加，知识老化的周期又在缩短，有人认为难以掌握大量的知识，于是局限在自己的专业圈子里，故步自封，这样做很难做出出色的发明和创造。只有博采大量的知识，量变引起质变，思维才能得到进一步的丰富，新联系、新设想、新观念才会在头脑中不断涌现，从而才会不断有所发明及创造。由此可见，在创新教学中，教师应鼓励学生博采大量的知识，"厚

积才能薄发"。

（二）引导学生灵活应用知识

没有知识就很难有创新能力，但是有了知识也不一定会有创新能力。如果把知识当教条，死记硬背，生搬硬套，便会被知识所奴役，头脑就会僵化，即使高分也是低能，不会发明，不会创造，对人类社会不会做出什么贡献。

在教学中，教师要引导学生灵活地掌握和运用知识，读活书，加深理解，掌握规律，提高学生分析问题和解决问题的能力。当前，特别是要摆脱升学指挥棒的束缚。减轻学生升学压力，把培养和开发学生的创新能力作为教学的中心，把书本知识转化为学生创新能力的源泉。

三、教师的精心教授与学生的独立思考相统一的原则

教学是师生双边的教育活动。教师要细心教授，学生要独立思考。因此，教师必须精心备课，精心讲课，精心批改作业，精心辅导学生。然而，教师教学毕竟只是给学生指明一个前进的方向，路还得学生自己去走，路途中的困难和挫折还得学生自己去克服。而这一切，都得靠学生自己独立思考，任何人都包办代替不了。创新教学中贯彻这一原则时要做到如下几点：

（一）教师传授的内容必须适合学生的接受能力

教师教学时必须对学生独立思考有充分的认识。学生是学习的主体、学习的主人，教学的效果最终要落实到学生的学习上。

教师教授的内容不能过难，也不能过易。过难，学生听不懂，学习过程中便会不感兴趣，从而失去学习的信心；过易，学生会轻视学习，同样失去学习的兴趣。因此，教师教授的内容要难易适当，要善于进行创新教学，要有一定的"信息差"，使学生感到教师教授的内容像树上的樱桃一样"跳一跳才可以摘到"。唯其如此，才会使学生感到学习本身的趣味，才能使他们的学习由死记硬背变成富有意义的学习，才能启发学生的独立思考，培养他们的创新思维能力。

（二）教学要生动形象，切忌平铺直叙

教师要善于创设教学过程中的问题情境，恰到好处地提出一些富有启发性的问题让学生独立思考。如有位特级教师教"摩擦力"一课时，精心创设了这么一个启发学生思考的问题情境："在非常非常光滑的水平路面上，有一个静止的一吨重的大铁球，一只蚂蚁正在用力推大铁球，能不能推动大铁球呢？"像这样的问题，情境既新奇又有趣，能激发学生思考，使学生积极参与到教学过程中去，变被动地接受知识为师生之间的双边活动，能

最大限度地培养学生的独立思考能力和创造力。

四、全面要求与因材施教相统一的原则

创新教学应面向全体学生，既要使他们尽可能达到统一标准并得到全面发展，又要承认学生的个别差异，针对不同学生的特点，采取不同的教学措施，使每个学生的创新才能都得到充分的发展。

对学生要有一个全面要求。必须把青少年学生无一例外地培养成所需要的创新人才。学生虽然有千差万别的个性，但也有共性。这种全面要求不但必要，而且可能。若没有全面要求，便会使创新教育偏离正确的轨道，降低创新教育水平。但仅仅全面要求，不因材施教也不行，两者必须统一起来。由于遗传、环境和教育的错综复杂的影响，每个学生的个性特征和发展水平都存在差异，若用同一个模式培养学生，必将使特殊创新才能的学生被埋没，创新才能较差的学生又将遭到淘汰。所以，创新教学中要遵循全面要求与因材施教相统一的原则，取优补拙，各尽其才，不拘一格，使每个学生的创新才能都得到充分、自由的发展。

为了很好地贯彻全面要求与因材施教相统一的教学原则，有两点要求必须注意到。其一，教学要面向全体学生，兼顾两头，让所有学生都能得到发展。其二，正确对待学生间的个别差异，尤其要正确对待那些有特殊能力的学生。对优秀生可以举办科技开发、发明创造讲座，广泛介绍当代科学技术发展的新成就、新动向、新发明、新创造，以激发其学习与创新的兴趣，使其树立献身人类发明创造事业的志向。要组织他们参加课外及校外学科活动，从事小发明、小创造活动，激发创新意识，培养创造能力。学校图书馆、实验室要向他们开放，有条件的学校可以聘请科学家、发明家，对他们进行个别指导。对差生应适当降低教学要求，不论答问、作业、实验都设法使他们获得一定程度的成功，及时给予激励，加以表扬，使他们感受到紧张智力劳动后成功的愉快，从而激发他们强烈的学习动机及浓厚的认识兴趣。在他们掌握一定的基础知识和基本技能的基础上，教给他们发明、创造的技巧和方法，让他们从事一些力所能及的小发明、小创造。教师应针对他们的不同特点，加强指导和辅导，培养他们的创新意识和创新能力。

五、教师主导作用与学生主体作用相统一的原则

教师主导作用是指在教学活动中，教师处于主导地位，学生只有在教师的教导和帮助下，才能以最短的时间最高的效率掌握人类创造的科学文化知识，迅速提高自己的发展水平，成为社会所需要的创新人才。因此，学生学习的主动性、积极性和创造性发挥得怎么样，学习效果怎么样，是衡量教师主导作用发挥得好坏的重要标志。

学生的主体作用是指在教学过程中，学生是学习的主体，是学习的主人，必须充分调动学生学习的积极性、主动性和创造性。在教学过程中，只有充分做到教师主导作用和学生主体作用相统一，才能获得最优化的教学效果。创新教学贯彻这一原则时要做到以

下几点：

（一）教师要引导学生进行探究的学习

在教学过程中，学生掌握知识技能有两种方式，接受的学习及探究的学习。学生通过教师的传授而理解并掌握知识，是接受的学习；教师引导学生探究一些问题，启发他们自己发现人们已经发现的真理，是探究的学习。探究学习能充分发挥学生学习的积极性、自觉性和创造性。

（二）培养学生浓厚的学习兴趣和强烈的求知欲望

兴趣是学习的动力，求知欲望是探求真理的一种富有感情色彩的心理倾向。浓厚的学习兴趣和强烈的求知欲望是提高学习积极性、自觉性和创造性的重要因素，也是学生有所发现、有所发明、有所创造的前提。

要想培养学习兴趣和求知欲望，必须激发求知的需要，使学生产生满足求知的动机。因此，教师要经常对学生进行学习目的教育，从而使他们产生正确的学习动机。同时，教学方法要多样化，要保护学生的好奇心，鼓励他们大胆提出问题，进行创新思维活动，培养学生主动的探求精神，激励他们把自己的学习和社会发展的需要联系起来，使学习兴趣和求知欲望向更高程度发展。

（三）发扬教学民主，实现心理兼容

发扬教学民主，实现师生心理兼容，是教师的主导作用和学生主体作用相统一的有力保证。教师热爱学生，学生尊敬教师，师生心理兼容、关系密切是教学民主的体现。教师对学生要严格要求，尊重学生，耐心教诲，热情帮助，精心培育。在充分发挥教师主导作用的前提下，充分调动学生的主体作用，要相信学生，多方面鼓励学生大胆提出问题，发表自己的看法。

六、理论与实践相统一的原则

理论与实践相统一的原则反映了教学过程中学生认识过程的一般规律，是教学达到最优化效果必须遵循的教学原则。该原则要求，必须在理论和实践相统一的过程中传授和学习理论知识，使学生能真正理解理论，懂得理论在实际中的运用，并能形成必要的技能、技巧和实践能力。创新教学中贯彻这一原则时要做到以下几点：

（一）要重视理论知识的指导作用

理论和实践相统一的目的是为了使学生在理论知识的指导下，通过在实践中的运用，加深理解和巩固理论知识，形成创新的基本技能和技巧。因此，教学中要切实抓好理论知

识的传授，打好基础。只有在理论知识指导下的创新实践中，学生才能较快地掌握有关的创新技能和技巧。

（二）要重视学用结合，加强教学中的实践性环节

教学中必须创造多种多样的实践形式，如实践、实习、生产劳动、发明创造等。这些实践形式，由半独立到独立，由简单到复杂，由校内到校外，尽可能使学生动手、动口、动脑，让他们真正体会到理论知识对实践的指导作用。要防止从理论到理论，从概念到概念的教条主义的教学。

（三）根据学科特点、教材内容和学生的实际，有计划有目的地联系实践

教学中理论联系实际的目的有两条：一是理解和掌握基本理论知识；二是运用理论知识于创造实践活动。不同学科或同一学科的不同内容，联系创造实践的内容有所不同。如语文、数学一般是联系创作实践，让学生创作诗歌、散文、小小说等。数学、物理、化学教学不妨让学生运用所学的理论搞一些小革新、小发明、小创造等活动。

（四）教学中理论联系实践，要通过学生的独立思考和独立工作去完成

教学中教师要创造条件，通过感性的认识活动，让学生自觉地、积极地去观察、思考，使他们能创造性地运用所学的理论去解决各种不同的实践问题，以培养创新能力。

第四节　大学生创新教育的任务与方法

一、创新教学的任务

创新教学首先必须完成教学的一般任务。

（一）传授基础知识和基本技能

基础知识和基本技能就是通常所说的"双基"。所谓基础知识，是指构成各门科学的基本事实及其相应的基本概念、原理和公式等。它是组成一门学科知识的基本结构，揭示学科研究对象的规律性，反映科学文化发展的现代水平。所谓基本技能，则是指学生运用所掌握的各门学科中的知识去完成某种实际任务的最主要、最常用的能力。

（二）发展学生的智力和体力

智力是指个人在认识过程中表现出来的认识能力系统。它包括观察力、记忆力、想象

力和思维力，其中思维力是智力的核心。智力和创造力虽不是正相关，但智力对创造力的作用不可忽视。发展体力不仅是体育的任务，也是各科教学的任务。教学要注意教学卫生，要防止学生课业负担过重，使学生有规律有节奏地学习与生活，保持旺盛的精力，发展健康的体魄。

（三）培养学生的创新意识、创新思维和创新技巧、方法

创新意识即学生不人云亦云，书云亦云，师云亦云，不满足于现状，不束缚于传统，遇事问个为什么，敢于质疑，勇于问难，善于发明，长于创造。创新意识是发明创造的关键，没有创新意识的人，不可能有所发明和创造。所以创新教学要培养学生的创新意识。

创新思维包括发散性思维、求异思维、求同思维、直觉、灵感和创造想象。创新思维能力是创造力的核心。发明、创造是创新思维的成果，没有创新思维便没有发明创造。创新思维的实质是人类大脑两半球的功能，创新教学必须培养学生的创新思维能力，以充分开发人类大脑两半球的潜能。

创造是伟大的，也是实在的，创造的成功有赖于创造的方法和技巧。人们已归纳和总结了众多的发明创造的技巧和方法。

二、创新教学的方法

创新教学的方法是完成创新教学任务的途径和手段。主要包括培养创新思维的方法、自学方法、启发式教学方法以及现代化教学手段等创新教学常用的方法。

（一）培养学生创新思维的方法

1. 激发学生强烈的好奇心和学习动机的方法

激发学生强烈的好奇心和学习动机，调动学生学习的积极性、自觉性和主动性是帮助学生形成与发展创新思维能力的重要条件。强烈的好奇心是发明创造的前提。

在创新教学过程中，学生的求知欲望和好奇心的出现取决于教师所创设的教学模式。教学模式有注入式和启发式之分。注入式模式是使学生所进行的学习完全依赖教师的讲解，被动地学，根本谈不上激发学生的好奇心和学习动机及培养学生的创新思维。启发式模式则是创设各种问题情境，激发学生的好奇心和学习动机，调动学生思维的积极性、自觉性和主动性，使学生的学习过程成为一个积极主动的探索和创造过程。通过学习，学生不仅能获得现有的知识和技能，还能进一步探索未知的新情境，发现未掌握的新知识，甚至创造前所未有的新事物。所以，教师在创新教学过程中，应该激发学生心灵深处的那种

强烈的好奇心和学习动机。教师要在挖掘教学内容、组织教学形式、选择教学方法上多下工夫，创设激起学生好奇心的教学情境，让学生从中得到启发，产生好奇心和学习动机。

2. 培养学生求异思维能力的方法

求异思维作为创新思维的主要形式，是科学家和发明家在发明、发现、创造过程中常用的思路和途径。在创新教学过程中，培养学生求异思维能力，能使学生不被"成见""成规"所束缚，不人云亦云，使学生考虑问题思路开阔、新奇，善于从不同角度、不同方向去思考，去探索，从而发表自己独特、新颖的见解。

在创新教学过程中，教师要鼓励学生勇于质疑，敢于问难。许多发明家、科学家的发明创造活动都是从质疑问难开始，从解疑入手的。对于学生天真幼稚的发问，教师要耐心予以解释，不可挫伤他们的好奇心。一时说不清的，也要鼓励他们继续探索、研究。当然，也要防止学生钻牛角尖。要使学生明白，自己的结论应当持之有故，言之成理。要善于引导学生打破旧框框去想问题，让他们遇到问题多问几个"为什么？""还有别的问题吗？""真是这样吗？""有没有相反的情况？""书本上的结论正确吗？""有没有漏洞？"等等。

求异思维本身又具有多种形式，如头脑风暴法、横向思维法、纵向思维法、逆向思维法、颠倒思维法、克弱思维法、信息交合法等形式。教师在创新教学过程中，可以根据不同学科特点、不同教学内容灵活运用这些形式，因势利导地培养学生求异思维的能力。

3. 培养学生集中思维能力的方法

集中思维，又叫求同思维，它也是创新思维的一种重要形式。它是创造型人才所必须具备的思维质量。它的思维方向聚合于同一方面，即从同一方向进行思考。集中思维与求异思维在统一的创新思维过程中是相互作用、相辅相成、缺一不可的。

创新教学过程中培养学生集中思维的方法与传统教学中让学生追求一个正确的答案的做法不同。传统的教学方法是预先搭好一个现成的框架让学生去填，约束学生，一味地追求一律和固定的答案，这样做不利于培养学生的创新思维。创新教学培养学生集中思维的方法是先分散，后集中，无固定的框框，完全是让学生自己去选择和发现最佳答案，故有利于培养学生创新思维的能力。如小学一年级语文教学中的选词填空训练就是一种很可取的创新思维训练方法。具体做法是给学生一系列词，同时给学生一句话，让学生从这一系列词中选择最合适的词填入这句话中。

创新教学过程中，培养学生集中思维的方法很多。需要教师去发现，去创造。教师在培养学生集中思维时，有一点是共同的，即必须使学生学会以目标为基点集合各种观点、方案、方法，扬弃不必要的、和目标相背离的各种观点、方案、方法。

4.培养学生直觉思维能力的方法

直觉思维是人脑对于突然出现在其面前的新事物、新现象、新问题及其关系能够迅速地识别、敏锐而深入地洞察、直接地本质理解和综合地整体判断，简言之，即直接领悟的思维或认知。在一定意义上说，创新思维就是逻辑思维和直觉思维的统一，故创新教学应重视培养学生的直觉思维能力。

教师在培养学生直觉思维时要创造一个宽松、和谐和民主的教学环境。直觉思维是一种跃进的捷径式的思维，学生直觉思维的成果并不都是按逻辑思维或分析思维一步一步推导出来的，有时令教师感到意外，甚至被认为是猜测出来的。当学生运用直觉思维得出意料之外的想法或解法时，作为教师，不要轻易亮出"黄牌"。即使学生是猜测的，也不要斥责、讽刺或挖苦。教师应该在充分了解学生、尊重学生、相信学生和严格要求学生的基础上，创造一个宽松、和谐和民主的教学环境。在教学中，教师应该用研究、商讨的语气，亲切、期待的眼神进行教学。在控制好教学的深度和广度的同时，要鼓励学生大胆猜测，让不同层次的学生都有自我表现的机会。这样，学生心理上便有一种安全感，不怕说错，懂得自己的任何努力都会得到教师的保护，而这些都是培养直觉思维的前提和保证。

思维科学研究表明，人们在进行思维时，一种是分析思维，即遵循严密的逻辑规律，逐步推导，最后获得符合逻辑的正确答案或得出合理的结论；另一种就是直觉思维。逻辑思维或分析思维同直觉思维的发生和形成并不矛盾。在一定程度上，直觉思维就是逻辑思维的凝结或简缩。一般来说，学生对自己直觉思维的某些过程是说不清楚的，是模糊的，往往知其然，不知其所以然。因此，教师应该引导学生用逻辑思维去完善其直觉思维的过程，用"慢镜头"来分析检索直觉思维过程中的"跳跃"或"越位"之处。

培养学生的直觉思维还可以让学生进行瞬间分析、瞬间综合。瞬间分析与瞬间综合和上述用"慢镜头"诱导学生说出直觉思维过程并不矛盾，两者相辅相成。瞬间分析可训练学生迅速确定思维的方向，瞬间综合可以压缩、简化思维的过程。为了让学生做好瞬间分析和瞬间综合，教师应精心设计每节课，尤其是出示的例题，更应缜密地考虑，挖掘其中可供直觉思维训练的因素。

5.培养学生灵感思维能力的方法

灵感，又称"顿悟"或"豁然开朗"。要想有所发明，有所创造，必须有灵感。灵感思维不同于其他思维，可以持续一个相当长的时间，它出现于大脑高度启动状态，高潮为时短暂，稍纵即逝。因此，培养学生灵感首先要训练学生的思维的敏捷性。如数学教学可通过速问、速答、速算来训练学生思维的敏捷性。

同时还要加强双基教学。灵感虽然突如其来，稍纵即逝，似乎很神秘，但并不意味着它就超越了以经验为基础的理性认识的界限。它是思维的一种特殊形式。它产生的前提往往是思维者经过了长期的实践从而在这一领域内储存了大量的模式或范型，即所谓的知识结构，并在大脑里建立起了对这一问题的兴奋中心，这个兴奋中心具有高度科学的敏感性，随后往往有一个就主观意识而言问题被搁置到一边的缓和期，在缓和期内，无意识的思维活动仍继续集中在问题上，当偶尔受到一句话或一件事的启发时，就能使新的信息很快地进入记忆并在模式和范型的基础上简缩心理加工过程而产生新的飞跃，顿时恍然大悟，产生灵感。因此，要培养学生灵感思维能力就必须使学生储备大量的知识模式和范型。具体地说，就是要使学生掌握牢固基础知识和基本技能。简言之，即加强"双基"教学。

最后，教师应保证学生的思维有自由翱翔的时间和空间。在创新教学过程中，教师应克服传统教学的弊端，保证学生有思维翱翔的时间和空间，让他们能有时间欣赏轻音乐、读小说、看电影，甚至可以让学生走出校园，徜徉田野、公园，听听鸟语虫鸣、潺潺流水，闻闻树木花草的芬芳，让学生从紧张的学习中得到暂时解脱，这样学生便容易激发灵感，产生顿悟。

6.培养学生创造想象能力的方法

想象是不依据现成的描述而独立创造出新形象的心理过程。创新教学中教师要有意识地培养学生的想象能力。

首先，要重视对学生智力发展起重要作用的艺术教学。其次，组织学生到社会实践活动，让学生设身处理，这有利于激发学生的创造想象。最后，让学生开展发明、试验等活动，并在这些活动中尽可能展开想象的翅膀，动脑、动手，多思，多做，以培养学生想象的能力。

（二）培养学生的自学能力——学会学习的方法

"学会学习"是教育面向未来的对策之一。未来的社会，要求人们必须具备一种独特的个性，善于创造，敢于迎接各种各样的社会生活的挑战，并勇于改革现存的社会生活模式，在不同的工作岗位上有所发明创造。为此，创新教学必须从当代大教育观出发，教会学生学习，培养他们的自学能力，使他们学会学习。

培养自学能力——学会学习，即在教学过程中，教师不只是教给学生一些知识和技能，更要培养学生独立学习的本领。因此，创新教学如果忽视培养学生的自学能力，没有教会学生学习，那将是一个很大的失误。

首先，要培养学生的自学意识。要使学生明确学习的重要意义，使学生认为学习是为发明创造做准备的。在学习过程中，要让学生看到成功和进步，要及时给学生的学习结果以正确的评价，以便学生扬长避短。其次，要培养学生一定的自学技能。在自学活动中，有一些必要的技能，例如，如何查字典、查资料、做资料卡片、记学习笔记、写学习提纲、对参考书进行分类整理，将自学用具安置有序以及利用计算机等现代化、数字化信息处理技术、传播技术收集、整理、加工、储存和利用信息的技能等。这类自学技能掌握得越多，越熟练，自学能力就越强。

（三）运用启发式教学方法

启发式教学方法是以学生为学习的主体，教师从实际出发，启迪、诱导学生发现问题、思考问题，点燃学生创造的火花。教师在教学过程中常用的启发式方法有以下几种：

1. 比喻启发，引起想象

形象的比喻具有神奇的力量，能诱发学生的创造想象。

2. 现场启发，激发兴趣

在教学现场或互动现场，激发学生兴趣，从而提高创新能力。

3. 视听启发，激发想象

教师利用现代化教学手段，呈现给学生绚丽多彩的画面和悦耳动听的音乐，化抽象为具体，化静为动，化无声为有声，开拓学生思路，激发学生想象。

4. 问题启发，启迪思考

"思源于疑"，创造欲往往是从疑问开始的。爱因斯坦也认为，提出一个问题，往往比解决一个问题更重要。因为解决一个问题，往往是一个技能而已，而提出一个新问题或新的可能性，从新的角度去看旧的问题，则需要创造性的想象力。教师不但自己要善于提出启发性问题，也要鼓励学生质疑问难。

5. 方法启发，启迪内因

教师不要教给学生死的知识，而要传授活的方法，让学生自觉地、积极地、创造性地学习、创造。

6. 练习启发，重在创新

在练习中不仅要培养学生的技能技巧，而且要培养学生的智力、创造力，这就要求练习多样化，既求异又求同。

（四）充分利用现代化教学手段

传统教学媒体除课本外，主要是粉笔、黑板、挂图、模型、标本、实物等。随着科学技术的发展，教学手段逐步现代化。诸如录音、录像、电影、计算机乃至多媒体双向视频传输系统等已作为教学手段应用于教学过程中。

创新教学应充分利用现代化教学手段来提高教学质量，培养学生的创新能力。运用现代化教学手段，可以使学习内容生动形象，一些本来不能直接看到的现象，通过有关声光设备能够看到。

参考文献

[1] 奉中华，张巍，仲心.大学生教育管理的创新与实践研究 [M]. 长春：吉林人民出版社，2021.

[2] 宋瑞莉，杨晓波."互联网+"时代下高校教育的创新与发展研究 [M].哈尔滨：东北林业大学出版社，2018.

[3] 胡凌霞.高校教育管理理念与思维创新 [M].长春：吉林大学出版社，2020.

[4] 尹新，杨平展.融合与创新高校教育信息化探索与实践 [M].长沙：湖南科学技术出版社，2018.

[5] 关洪海.高校教育管理与创新实践研析 [M].北京：冶金工业出版社，2019.

[6] 丁兵.当代高校教育管理研究 [M].西安：西北工业大学出版社，2019.

[7] 胡凌霞.高校教育管理理念与思维创新 [M].长春：吉林大学出版社，2020.

[8] 陈晔.新时期高校教育管理实践研究 [M].北京：现代出版社，2019.

[9] 关洪海.高校教育管理与创新实践研析 [M].北京：冶金工业出版社，2019.

[10] 王荔雯.移动互联网时代高校教育管理模式改革与实践研究 [M].北京：中国原子能出版社，2019.

[11] 林榕.大数据背景下高校教育管理信息化发展与创新研究 [M].长春：吉林大学出版社，2019.

[12] 杨恩泽.新时代高校建构主义教学模式研究 [M].长春：吉林大学出版社，2020.

[13] 余华东.创新能力培养新视野 [M].北京：中国书籍出版社，2019.

[14]曲华君，罗顺绸，钟晴伟.德育教育与创新能力发展[M].北京：中国财富出版社，2019.

[15] 孙朝娟，陈正玉，李悦.文化建设与创新能力培养 [M].长春：吉林人民出版社，2019.

[16] 王芳.高校教师发展与教学改革研究 [M].长春：吉林教育出版社，2020.

[17] 杜迎范.高校教师核心素养发展与研究 [M].长春：吉林科学技术出版社，2020.

[18] 张慧彦，包红霏.高校教学模式创新研究 [M].延吉：延边大学出版社，2018.

[19] 陈忠平，董芸.新形势下高校创新创业教育 [M].北京：冶金工业出版社，2019.

[20] 裴小倩，严运楼.高校创新创业教育协同机制研究 [M].上海：上海交通大学出版

社，2018.

[21] 张春艳 . 高校翻转课堂教学模式与实践研究 [M]. 北京：中国林业出版社，2018.

[22] 刘慧 . "互联网 +"背景下高校教学模式创新研究 [M]. 沈阳：沈阳出版社，2019.

[23] 孙连京 . 高校教学管理理论与实践 [M]. 南昌：江西高校出版社，2019.

[24] 郭建鹏 . 翻转课堂与高校教学创新 [M]. 厦门：厦门大学出版社，2018.

[25] 宋丽萍 . 新媒体环境下高校学生教育管理工作创新研究 [M]. 长春：吉林大学出版社，2020.

[26] 邓如涛 . 新常态下高校创新创业教育研究 [M]. 成都：电子科技大学出版社，2017.

[27] 耿丽微，赵春辉，张子谦 . 高校大学生创新能力培养与创业教育研究 [M]. 成都：电子科技大学出版社，2017.

[28] 张丽云 . 高校学生教育与管理工作创新研究 [M]. 长春：吉林文史出版社，2019.

[29] 郭晓雯 . 高校教育教学管理创新发展研究 [M]. 北京：北京工业大学出版社，2019.

[30] 张晓蕾，司建平 . 新时期高校教育管理创新研究 [M]. 长春：吉林科学技术出版社，2018.